Caminhos para a
paz interior

CIP-Brasil. Catalogação-na-fonte
Sindicato Nacional dos Editores de Livros, RJ

Nhât Hanh, Thich, 1926-

N479c   Caminhos para a paz interior / Thich
Nhat Hanh; tradução e prefácio de Odette
Lara. 11. ed. Petrópolis, RJ: Vozes, 2013.

Tradução de: Being Peace.

I. Meditação (Budismo). I. Título.

3ª reimpressão, 2021.

ISBN 978-85-326-0214-5

89-0252   CDD – 294.3443
                                           CDU – 294.3

Thich Nhat Hanh

Caminhos para a
paz interior

Tradução de Odette Lara

Petrópolis

© 1987 by Thich Nhat Hanh

Tradução realizada a partir do original inglês intitulado *Being Peace*

Direitos de publicação em língua portuguesa:
2005, Editora Vozes Ltda.
Rua Frei Luís, 100
25689-900 Petrópolis, RJ
www.vozes.com.br
Brasil

Todos os direitos reservados. Nenhuma parte desta obra poderá ser reproduzida ou transmitida por qualquer forma e/ou quaisquer meios (eletrônico ou mecânico, incluindo fotocópia e gravação) ou arquivada em qualquer sistema ou banco de dados sem permissão escrita da editora.

CONSELHO EDITORIAL

Diretor
Gilberto Gonçalves Garcia

Editores
Aline dos Santos Carneiro
Edrian Josué Pasini
Marilac Loraine Oleniki
Welder Lancieri Marchini

Conselheiros
Francisco Morás
Ludovico Garmus
Teobaldo Heidemann
Volney J. Berkenbrock

Secretário executivo
João Batista Kreuch

Diagramação: AG.SR Desenv. Gráfico
Capa: Érico Lebedenco
Ilustração de capa: plumvillage.org

ISBN 978-85-326-0214-5 (edição brasileira)

Editado conforme o novo acordo ortográfico.

Este livro foi composto e impresso pela Editora Vozes Ltda.

Sumário

Prefácio, 7

1. Sofrer não basta, 13

2. As três gemas, 21

3. Sentimentos e percepções, 41

4. O coração da prática, 55

5. Trabalhando pela paz, 69

6. "Inter-sendo", 91

7. Meditação na vida diária, 113

Prefácio

De repente, sem que jamais tenha planejado, vejo-me, há alguns anos, como tradutora improvisada.

A consciência do quanto os ensinamentos de Thich Nhat Hanh – aqui intimamente chamado de Thay, como é de sua preferência – poderiam servir e transformar as pessoas que estão em busca de um equilíbrio que lhes permita conviver em harmonia consigo mesmas e com o mundo que as cerca fez-me assumir esse novo papel em 1983, quando decidi traduzir seu livro *Para viver em paz – O milagre da mente alerta*. A mesma razão motivou-me a traduzir anos depois o seu livro *Meditação andando – Guia para a paz interior*.

Devido à total aceitação de ambos – em contínuas reedições – e considerando o fato de estar promovendo periodicamente retiros em meu sítio em Muri, Nova Friburgo – para atender aos leitores que me procuravam desejosos de encontrar um lugar onde pudessem pôr em prática as instruções recebidas –, achei que minha

Caminhos para a paz interior

tarefa já estava sendo cumprida. Assim, o original inglês do presente livro ficou um ano em minhas mãos sem que eu me dispusesse a traduzi-lo, mesmo sabendo do seu enorme sucesso nos Estados Unidos.

A recente visita de duas semanas que Thay fez ao Brasil convenceu-me de que a tradução não podia continuar sendo adiada, nem mais por um dia. Suas palestras públicas atraíram um grande número de pessoas, muito além das expectativas. E não houve espaço suficiente para atender a todos os interessados em participar de seus retiros – um realizado no Rio, numa antiga e desativada residência de jesuítas, esplendidamente localizada no alto de São Conrado; e outro em Ouro Preto, no belíssimo e histórico colégio Dom Bosco. Tanto as palestras como os retiros – segundo declarações dos próprios participantes – foram decisivos para dar novo sentido às suas vidas.

Não posso deixar de registrar um fato marcante ocorrido durante os retiros. O Instituto Solaris – que por meu intermédio promoveu a vinda de Thich Nhat Hanh ao Brasil – recebeu com certa relutância meu comunicado de que ele gostaria que os casais inscritos levassem também seus filhos, desde que tivessem mais de 4 anos.

A ideia de que a presença infantil só poderia ser perturbadora e inoportuna num acontecimento como esse que, supostamente, requer silêncio e ordem, não poderia deixar de vir à tona. Su-

Prefácio

pôs-se que Thay colocaria as crianças à parte, seguindo algum esquema especial. Mas não! Ele as queria junto aos adultos, participando das mesmas atividades, inclusive meditação, aulas de psicologia budista e cerimônias do chá. Apesar do espanto e do receio, o desejo do mestre foi acatado e algumas crianças compareceram acompanhando seus pais.

Quando Thay entrou na sala para fazer sua primeira palestra do retiro e as convidou para se sentarem na primeira fila, diante dele, era indisfarçável a estranheza quase hostil dos adultos diante da presença de crianças naquele recinto. Estas, ao atenderem o convite de Thay, mostraram o alvoroço natural da idade, fazendo todos intimamente supor que aí se apresentaria um osso duro de roer ao longo dos três dias subsequentes.

Mas no decorrer da palestra a situação começou a mudar. Ao terminar uma explanação Thay tinha o cuidado de chamar cada criança pelo nome perguntando-lhe se o havia entendido e pedindo-lhe que explicasse com suas próprias palavras o que tinha aprendido. Para surpresa geral, as crianças, embora usando sua linguagem peculiar, assimilavam o que havia sido ensinado, dinamizando, e muito, o ambiente com a singularidade de seus pontos de vista. Era notável observar também o desembaraço com que faziam certas perguntas que, provavelmente, muitos adultos gostariam de ter feito mas que, por receio de serem julgados ingênuos ou tolos, haviam reprimido ou disfarçado.

Caminhos para a paz interior

Talvez o fato de estarem sendo requisitadas para falarem à plateia as fizesse sentirem-se mais responsáveis ou respeitadas, pois tornavam-se cada vez mais silenciosas e atentas. Ao fim de uma hora o mestre disse-lhes que podiam sair para brincar, enquanto os demais continuariam desenvolvendo um debate. As crianças saíram alegres e satisfeitas, e a partir de então foram gradativamente se integrando ao movimento dos adultos, sem causar nenhum distúrbio. A elas também era permitido chegar mais tarde para a meditação matinal, posto que têm necessidade de mais horas de sono. No dia seguinte já havia um total entrosamento entre adultos e crianças. Estas – convidadas pelo mestre para andarem de mãos dadas com ele durante a meditação ao ar livre – mostravam uma expressão de radiante paz e felicidade.

Estou certa de que, como eu, todos os presentes tiveram que reavaliar seus conceitos sobre a forma de educar e de se relacionar com crianças, pois assistimos diante de nós ao que parecia ser impossível: o mundo infantil perfeitamente harmonizado com o do adulto, numa serena troca de compreensão amorosa.

Mesmo tendo participado de vários trabalhos com Thay, sou sempre surpreendida pela sua maneira dinâmica, direta e eficaz de ensinar. Nesse último retiro, por exemplo, quando nos reunimos num pátio ao ar livre para dar início à meditação coletiva andando, Thay, já segurando pelas mãos uma criança de cada lado, pediu que cantasse uma canção para celebrar a beleza daquela manhã antes de começarmos a caminhar.

Prefácio

Tão preocupada eu andava com a produção do evento que, intimamente, considerei inoportuno aquele pedido ser feito justamente a mim. Sem saber como sair da situação fui socorrida pela deslumbrante visão que se tinha, lá do alto, das montanhas e do mar, que me impulsionou a cantar *Manhã de carnaval* – Manhã tão bonita manhã, na vida uma nova canção... Outros se juntaram em coro a mim, e em poucos minutos eu havia soltado minhas preocupações andando tranquilamente com os demais.

Durante o trajeto que nos levou até uma pequena cachoeira escondida no meio da mata, dei-me conta de que tinha *vivenciado* um ensinamento de Thay que eu acreditava já saber, mas que, na verdade, até então só existia como ideia registrada no intelecto: "Preocupar-se é ocupar-se previamente de algo que ainda não está acontecendo. Assim, quando o acontecimento se der, estaremos sem a suficiente e necessária energia para enfrentá-lo, pois a mesma foi desperdiçada antes do tempo. Em outras palavras: se nossa mente está presa a lembranças do passado ou a ideias do futuro, não estamos vivos, mas adormecidos, pois a vida se passa no presente, no aqui e no agora". No meu caso específico, não fosse aquele ardil habilmente armado por Thay, aquela manhã teria passado por mim sem que eu a desfrutasse.

Na cerimônia do chá – que faz parte da programação –, após ser servido o chá com biscoito, em silêncio, cada participante é convidado a se expressar, seja através de um poema, uma frase, um gesto, um canto, uma dança ou o que for.

Caminhos para a paz interior

Confesso que senti uma certa resistência na primeira vez que presenciei o início de uma dessas cerimônias, achando-a um tanto simplória. Mas logo vi que tinha uma razão de ser: criado um espaço favorável em que as pessoas confiam em se mostrar como são, muitas qualidades e dons sufocados sob as máscaras sociais se revelam, unindo todos numa inesperada solidariedade. O fato é que esse simples entretenimento proporcionou-me laços significativos de amizade e afeto com pessoas que anteriormente eramme estranhas, apesar da convivência.

Espero que o leitor deste livro se beneficie tanto quanto os que tiveram o privilégio de ouvir e ver Thich Nhat Hanh pessoalmente.

Os direitos autorais deste livro – a exemplo dos dois anteriores – são doados pelo mestre a orfanatos deste país.

Odette Lara

1

Sofrer não basta

A vida é cheia de sofrimento, mas é também cheia de maravilhas, como o céu azul, a luz do sol, os olhos de uma criança. Sofrer não basta! Nós temos, também, de estar em contato com as maravilhas da vida. Elas estão dentro de nós, em torno de nós, em todos os lugares e a qualquer hora.

Se não estamos felizes, não ficamos em paz e não podemos partilhar paz e felicidade com os demais, mesmo com aqueles que amamos, com aqueles que vivem sob o mesmo teto. Se estamos em paz e felizes, podemos sorrir e nos abrir como uma flor, e todos em nossa família, a sociedade inteira, se beneficiarão de nossa paz. Será que é preciso um esforço especial para desfrutar a beleza do céu azul? Será que temos de *praticar* para poder usufruí-la? Não! nós apenas usufruímos. Cada segundo, cada minuto de sua vida pode ser assim. Onde quer que estejamos, seja a que

Caminhos para a paz interior

hora for, nós temos a capacidade de desfrutar da luz do sol, da presença de alguém, ou mesmo da sensação de nossa respiração. Não precisamos ir à China para desfrutar do azul do céu; não precisamos viajar ao futuro para aproveitar nossa respiração. Podemos estar em contato com essas coisas aqui e agora. Seria uma pena estarmos conscientes apenas do sofrimento.

Vivemos sempre tão ocupados que mal olhamos para as pessoas que nos são caras, mesmo as de nossa família; mal olhamos para nós mesmos. A sociedade está organizada de um jeito que, mesmo tendo tempo de lazer, não sabemos aproveitá-lo para entrar em contato conosco mesmos. Inventamos milhares de formas de desperdiçar esse tempo precioso: ligamos a TV, discamos o telefone, pegamos o carro para ir a qualquer lugar...

Não estamos acostumados a ficar conosco mesmos e agimos como se não gostássemos de nós, tentando *escapar de nós mesmos.*

Meditar é estar consciente do que está se passando: no nosso corpo, nos nossos sentimentos, em nossa mente e no mundo. A cada dia 40 mil crianças morrem de fome. As superpotências têm agora mais de 50 mil armas nucleares, o suficiente para destruir o planeta várias vezes. Ainda assim o nascer do sol é belo e a rosa desabrochada esta manhã em nosso jardim é um milagre. A vida é, ao mesmo tempo, terrível e maravilhosa. Praticar meditação é estar em contato com ambos os aspectos. Por favor, não pensem que precisamos ser solenes para poder meditar. Na verdade, para meditar bem temos que sorrir bastante.

Recentemente eu estava fazendo meditação sentada com um grupo de crianças e um menino chamado Tim sorria lindamente. Disse-lhe então: – Tim, você tem um sorriso muito bonito. – Obrigado – respondeu ele. – Você não tem que me agradecer, eu é que tenho que lhe agradecer porque com seu sorriso você torna a vida mais bela. Em lugar de dizer obrigado, você devia dizer: Não há de que – disse eu.

É importante o sorriso de uma criança, o sorriso de um adulto. Se na nossa vida diária formos capazes de sorrir, de ficar em paz e felizes, não apenas nós, mas todos os demais serão beneficiados com isso. Este é o *mais básico* tipo de trabalho pela paz. Torno-me muito feliz quando vejo Tim sorrindo. Se ele tiver consciência de que está fazendo os outros felizes, pode responder: não há de quê.

***

Para nos lembrar que devemos relaxar podemos, vez ou outra, arranjar nossas coisas reservando um tempo para um retiro ou um dia para alertar a mente. Um dia em que possamos andar lentamente, sorrir, tomar chá com algum amigo e desfrutar dessa oportunidade de estarmos juntos, como as pessoas mais felizes desta terra. Isso é *retirar-se*, é *tratar-se*. Durante a meditação an-

Caminhos para a paz interior

dando, durante o trabalho na cozinha ou no jardim, durante a meditação sentada, durante o dia todo, podemos praticar o sorriso. A princípio você pode achar difícil sorrir, e nesse caso deve considerar o porquê. Sorrir significa que estamos sendo nós mesmos, que estamos tendo soberania sobre nós, que não estamos mergulhados no esquecimento. Esse tipo de sorriso pode ser observado na face dos budas e bodhisattvas[1]. Eu gostaria de apresentar uma pequena poesia que você pode recitar mentalmente – de tempo em tempo – enquanto estiver praticando respiração e sorriso.

> Inspirando acalmo meu corpo e mente.
> Expirando eu sorrio.
> Residindo no momento presente
> eu sei que este é o único momento.

Inspirando acalmo meu corpo e mente. O efeito dessa frase é como beber um copo de água gelada: você sente o frescor permear seu corpo. Quando inspiro eu recito mentalmente esta linha, e realmente sinto a inspiração acalmando meu corpo, acalmando minha mente.

Expirando eu sorrio. Você conhece o efeito de um sorriso! Um único sorriso pode relaxar centenas de músculos de sua face, pode relaxar seu sistema nervoso. Um sorriso faz de você seu pró-

---

1. Bodhsattva: aquele que é despido do egoísmo e devotado a ajudar todos os seres na obtenção da libertação [N.T.].

Sofrer não basta

prio mestre. É por isso que os budas e bodhisattvas estão sempre sorrindo. Ao sorrir você realiza a maravilha do riso.

Residindo no momento presente. Enquanto, sentado aqui, eu não penso em outro lugar; nem no futuro nem no passado. Sentado aqui, eu sei onde estou. Isso é muito importante! Nossa tendência é nos transportar para o futuro em vez de nos estabelecer no agora. Costumamos dizer: quando eu terminar meus estudos e tiver me formado, aí sim estarei realmente vivo. Quando conseguimos isso – que não é fácil – passamos a dizer: tenho que esperar até ter um bom emprego para estar realmente vivo. E depois do emprego o carro; depois do carro a casa... Não temos capacidade de estar *vivos* no momento presente. Nossa tendência é adiar a vida para o futuro, para o distante futuro, sabe-se lá quando. *Agora* não é o momento de estarmos vivos. Podemos mesmo não estar vivos durante toda a nossa vida. Por isso a técnica – se é que se pode falar de uma técnica – é *ser* no momento presente, é estar consciente do aqui e agora. O único momento de estarmos vivos é no presente momento.

Eu sei que este é o único momento. Este é o único momento que é real. Estar no aqui e agora, desfrutar o momento presente é a nossa mais importante tarefa. *Acalmando, sorrindo, momento presente, único momento.* Espero que vocês o tentem.

***

Caminhos para a paz interior

Mesmo a vida sendo dura; mesmo sendo difícil, às vezes, é preciso sorrir... devemos tentar. Da mesma forma, quando desejamos *bom-dia* a alguém, este deve ser um *bom-dia* real. Há pouco tempo uma amiga disse-me: como posso me forçar a sorrir se estou cheia de amarguras. Não é natural. Respondi, então, que ela deveria ser capaz de sorrir para a sua amargura, porque nós somos mais do que as nossas dores. O ser humano é como um aparelho de TV com uma infinidade de canais. Se ligamos o canal de Buda, nos tornamos buda; se ligamos o canal da dor, nos tornamos dor; se ligamos o do sorriso, nos tornamos realmente sorriso. Não podemos deixar que só um canal nos domine. A semente de todas as coisas está em nós e temos que agarrar a situação em nossas mãos para recobrar nossa soberania.

Quando sentamos tranquilamente, respirando e sorrindo, em plena consciência, estamos sendo nós mesmos, e temos soberania sobre nós. Quando nos abrimos para um programa de TV, nos deixamos ser invadidos pelo programa. Às vezes é um bom programa, mas quase sempre é ruim. Mas, porque queremos que outra coisa que não seja nós mesmos entre em nós, permanecemos sentados, deixando que o mau programa de TV nos invada, nos devaste, nos destrua. Mesmo que nosso sistema nervoso se ressinta, não temos coragem de levantar e desligar o aparelho, porque, fazendo isso, temos que retornar a nós mesmos.

Meditação é o oposto. Ela nos ajuda a retornar a nós mesmos. Praticar meditação neste tipo de sociedade é muito difícil. Tudo

Sofrer não basta

funciona como que conspiradamente para nos tirar de nós mesmos. Temos milhares de coisas, como videoteipes e música, que ajudam a nos ausentar de nós mesmos. Praticar meditação é estar consciente, sorrir e respirar. Isso se situa do lado oposto. Retornamos a nós mesmos para ver o que está se passando, pois meditar significa tomar consciência daquilo que está acontecendo. E isso é muito importante.

***

Suponhamos que você esteja esperando um bebê. Você precisa respirar e sorrir por ele. Não espere até que seu bebê nasça para começar a cuidar dele; mas precisa fazê-lo agora mesmo. Não conseguir sorrir é uma coisa muito séria. Você pode pensar: estou muito triste; não tem cabimento sorrir. Talvez chorar ou gritar fosse o correto, mas seu bebê estará recebendo isso – qualquer coisa que você seja ou faça é por seu bebê.

Mesmo que você não tenha um bebê em seu útero, sua semente já existe. Mesmo que não seja casada, mesmo que seja um homem, você deveria estar consciente desse bebê; a semente das gerações futuras já existe. Não espere até que um médico lhe diga que vai ter um bebê para você começar a cuidar dele. Seu bebê recebe o que você é ou faz. Ele *absorve* qualquer coisa que você come, qualquer preocupação que tem em mente. Você é mesmo incapaz de sorrir? Pense no seu bebê e sorria por ele, pelas gera-

Caminhos para a paz interior

ções futuras. Não diga que seu sorriso e sua dor são incompatíveis. É dor sua; mas, e o seu bebê? Não é dor dele!

As crianças entendem muito bem que em cada mulher, em cada homem, existe uma capacidade para despertar, para compreender, para amar. Muitas crianças já me disseram que não podem apontar um só indivíduo que não tenha essa capacidade. Todos a têm! Apenas alguns permitem que ela se desenvolva, outros não. Essa capacidade de despertar, de se tornar consciente do que está se passando nos seus sentimentos, no seu corpo, na sua percepção, no mundo, é chamada de *natureza de Buda*. Ou seja, a capacidade de compreender e amar. Desde que o bebê desse Buda existe em nós, devemos dar-lhe uma chance. Sorrir é muito importante! Se não somos capazes de sorrir, o mundo não terá paz. Não é saindo para uma demonstração contra as bombas nucleares que podemos trazer paz ao mundo. É com a nossa capacidade de sorrir, respirar e de estar tranquilos que podemos *fazer paz*.

2
As três gemas

Muitos de nós se preocupam com a situação do mundo. Não sabemos quando as bombas irão explodir. Sentimos que estamos à beira disso. Como indivíduos nos sentimos desamparados, desesperando-nos. A situação é muito perigosa, a injustiça está muito disseminada, o perigo está muito próximo. Se ficarmos em pânico diante dessa situação, as coisas só vão piorar. Nós temos é que permanecer calmos, para ver claramente. Meditação é estar consciente e tentar ajudar.

Eu gosto de usar o exemplo de um pequeno barco atravessando o golfo do Sião. No Vietnã há muita gente – a que chamamos *povo-de-barco* – que foge do país embarcando em pequenos barcos. Frequentemente esses barcos são colhidos por tempestades ou pelo mar revolto; as pessoas entram em pânico e os barcos afundam. Mas se uma só pessoa a bordo permanecer calma, lúci-

Caminhos para a paz interior

da, sabendo o que deve e o que não deve ser feito, ela pode ajudar o barco e salvar as pessoas. A sua expressão – rosto, voz – comunica clareza e calma, e os demais confiam nela. Eles ouvirão o que ela diz. Uma pessoa assim pode salvar muitas vidas.

Nosso mundo é semelhante a um pequeno barco. Comparado ao cosmo, nosso planeta é um barco muito pequeno. Nós estamos à beira de entrar em pânico porque nossa situação não é melhor do que a do pequeno barco em meio à tempestade do oceano. Você sabe que nós temos mais de 50 mil armas nucleares. A humanidade se tornou uma espécie muito perigosa. Nós precisamos de gente que saiba sentar[2] e seja capaz de sorrir, de caminhar pacificamente. Precisamos de gente assim para nos salvar. O budismo mahayana diz que você é essa pessoa, que cada um de nós é essa pessoa.

***

Eu tive um discípulo chamado Thich Thanh Van, que entrou no mosteiro com a idade de seis anos; aos dezessete começou a estudar comigo. Mais tarde ele se tornou o primeiro diretor da *Escola da juventude para serviços sociais,* onde orientou milhares de jovens – durante a guerra do Vietnã – no trabalho de reconstrução das aldeias que tinham sido destruídas e de restabelecer milhares de refugiados que escaparam das zonas de combate.

---

2. Sentar; termo simplificado usado por meditadores. Significa meditar sentado em postura de meio, três quartos ou lótus completo [N.T.].

As três gemas

Foi morto num acidente. Eu estava em Copenhague quando soube de sua morte. Ele era um monge muito amável, muito corajoso.

Quando era noviço – ainda com 6 a 7 anos de idade – ele via as pessoas irem ao templo levando bolos e bananas para oferecer a Buda[3], e queria saber como ele comia bananas. Esperou então que todos saíssem e o altar estivesse fechado para se esgueirar pela porta, aguardando que Buda estendesse a mão para apanhar a banana, descascá-la e comê-la. Esperou um bocado de tempo, mas nada aconteceu. Pareceu-lhe que Buda não comia bananas, a menos que não o fizesse por ter percebido que estava sendo espionado por alguém.

Thich Thanh Van contou-me várias histórias de quando era pequeno. Ao descobrir que a estátua de Buda não era o Buda, ele começou a perguntar onde estavam os budas, porque não lhe parecia que estes vivessem entre os humanos. Achava que os budas não deviam ser muito bons, pois quando as pessoas se tornavam budas se afastavam de nós e iam para um lugar longínquo. Eu lhe disse então que budas éramos nós. Que os budas eram feitos de carne e osso, e não de cobre, prata ou ouro. A estátua de Buda é apenas um símbolo de Buda, do mesmo modo que a bandeira

---

3. Em certos rituais budistas são colocadas frutas, além de flores, em oferenda a Buda [N.T.].

Caminhos para a paz interior

americana é um símbolo da América. A bandeira americana não é o povo americano.

A raiz da palavra *buddh* significa despertar, tomar conhecimento, compreender. E aquele que desperta e compreende é chamado de Buda. Simplesmente isso! A capacidade de despertar, de compreender e amar é chamada de *natureza de Buda*. Quando os budistas dizem: eu me refugio em Buda, eles estão confiando na sua própria capacidade de compreender, de tornar-se despertos. Os chineses e os vietnamitas dizem: eu retorno e me apoio no Buda em mim. Acrescentando *em mim* fica bem claro que você mesmo é o Buda.

No budismo existem 3 joias preciosas: *buda*, aquele que está desperto; *dharma*, o caminho da compreensão e do amor; *sangha*, a comunidade que vive em consciência e harmonia. As três são interligadas, e às vezes é difícil distinguir uma da outra. Todos têm a capacidade de despertar, compreender e amar. Assim, em nós mesmos encontramos buda e também dharma e sangha. Mais adiante eu falarei sobre o dharma[4] e a sangha[5]. Antes, porém, quero falar algo sobre Buda; aquele que desenvolveu seu entendimento e amor ao mais alto nível[6].

---

4. Dharma: os ensinamentos de Buda. A doutrina do budismo [N.T.].

5. Sangha: a comunidade de pessoas que vivem de comum acordo com os preceitos budistas [N.T.].

6. Em sânscrito compreensão é *prajña* e amor é *karuna* e *maitri* [N.T.].

As três gemas

Compreensão e amor não são duas coisas, mas uma só. Suponhamos que seu filho acorde numa manhã e veja que já é bastante tarde. Ele decide acordar a irmã mais nova para que ela tenha suficiente tempo para tomar café antes de ir à escola. Acontece que ela está amuada, e em vez de dizer: – Obrigada por ter me acordado – diz: – Cale a boca, deixe-me quieta – e lhe dá um empurrão. Ele provavelmente ficará com raiva e pensará: eu a acordei gentilmente; por que me empurrou? Poderá querer ir à cozinha e contar isso a você ou, em represália, bater nela. Mas lembra-se que durante a noite sua irmã tossiu bastante, e conclui que ela deve estar sentindo-se mal; que talvez tenha se resfriado, e que por isso se comportou tão desagradavelmente. Ele não está mais com raiva. Nesse momento *buddh* se manifesta nele. Então ele compreende; está contente. Quando você compreende não pode deixar de amar; não pode ficar com raiva.

Para desenvolver a compreensão é necessário que se exercite olhar para todos os seres vivos com olhos de compaixão. Quando você compreende, você ama; e quando você ama, age naturalmente, de tal forma que alivia o sofrimento alheio.

Aquele que está desperto, que sabe, que compreende, é chamado de buda. Ele existe em todos nós. Podemos nos tornar despertos, compreensivos e também amorosos. Eu sempre digo às crianças que se a mãe e/ou pai delas são compreensivos e amorosos, trabalhando, tomando conta da família, sorrindo, sendo amá-

Caminhos para a paz interior

veis como uma flor, elas podem dizer: Mamãe (e papai), você(s) hoje é (são) todo buda.

***

Há 2.500 anos existiu uma pessoa que praticou isso de tal forma que seu entendimento e amor tornaram-se perfeitos, e todos no mundo reconheceram isso. Seu nome era Siddhartha. Era muito jovem ainda, quando começou a ver que a vida contém muito sofrimento; que as pessoas não amam umas às outras; não se compreendem suficientemente. Deixou então o seu lar e foi para a floresta praticar meditação, respiração e sorriso. Ele se tornou monge e *tentou praticar*, a fim de desenvolver seu despertar, sua compreensão e amor ao mais alto nível. Praticou meditação sentada e andando por vários anos, juntamente com mais cinco amigos que também eram monges. Embora fossem inteligentes, cometeram erros. Por exemplo, eles comiam somente uma fruta – manga, goiaba ou carambola – por dia. As pessoas às vezes exageram dizendo que Siddhartha comia apenas um grão de gergelim por dia. Eu estive na Índia, na floresta em que ele praticava, e sei que isso é bobagem; pois lá não há gergelim. Estive também no Rio Anoma, onde ele se banhou várias vezes, e também na árvore Bodhi, sob a qual ele se sentou e se tornou um buda. A árvore Bodhi que eu vi é a tataraneta da primeira árvore Bodhi.

Um dia Siddartha ficou tão fraco que não pôde praticar. E sendo um jovem inteligente foi até a vila para obter alguma coisa

As três gemas

para comer – banana ou bolo, qualquer coisa. Mas assim que deu os primeiros quatro ou cinco passos desmaiou, porque estava sem nada no estômago. Teria morrido se uma camponesa carregando um pote de leite não o tivesse visto e ido até ele. Viu que ele ainda estava vivo, respirando, apesar de muito fraco. E apanhando leite com uma tigela derramou-o aos poucos em sua boca. Inicialmente Siddartha não reagiu, mas depois seus lábios se moveram e ele começou a engolir o leite. Bebeu uma tigela cheia de leite, sentiu-se melhor e lentamente se levantou. Siddartha era homem de ótima aparência. Hoje em dia fazem estátuas não muito bonitas dele. Às vezes elas são até carrancudas, sem nenhum sorriso na face. Porém, era uma pessoa muito bonita e a camponesa achou que ele deveria ser o deus da montanha. Ela ajoelhou-se para começar a venerá-lo, mas ele estendeu seu braço para impedi-la e disse-lhe algo. O que você acha que Siddartha disse à camponesa?

– Por favor, me dê mais uma tigela de leite – foi o que ele disse. Porque percebeu que aquele leite estava lhe fazendo maravilhas. Sabia que se o nosso corpo estiver com forças, nós podemos ser bem-sucedidos na meditação. Feliz, a jovem encheu outra tigela de leite e lhe deu. Depois ela indagou sobre sua vida. Ele lhe disse que era um monge, tentando meditar para desenvolver a compaixão e a compreensão ao mais alto nível, para que pudesse ajudar aos outros. A jovem perguntou-lhe se podia fazer algo para ajudá-lo. Siddartha disse: – Você pode me dar uma tigela de arroz

Caminhos para a paz interior

a cada dia na hora do almoço? Isso me ajudaria muito. Assim, daquele dia em diante ela passou a trazer-lhe um pouco de arroz envolto em folha de bananeira e algumas vezes trazia leite também.

Os cinco monges com os quais Siddartha estava praticando desprezaram-no por isso, e passaram a achá-lo inútil. Vamos praticar em outro lugar. Ele come arroz e toma leite; não tem perseverança.

Mas Siddartha fez muito bem. Ele meditava dias e dias seguidos, e desenvolveu sua percepção, seu entendimento e compaixão muito rapidamente, enquanto recuperava sua saúde.

Um dia, depois de mergulhar no Rio Anoma, teve a impressão de que precisava se sentar só mais uma vez para se tornar uma pessoa inteiramente iluminada. Quando estava para se sentar, ainda praticando meditação andando, um menino que cuidava de búfalos apareceu por perto. Na Índia há 2.500 anos os búfalos eram usados para puxar arado, e o trabalho desse menino era cuidar deles e cortar capim para alimentá-los.

Aproximando-se, o menino viu Siddartha caminhando muito pacificamente e ficou gostando dele imediatamente. Às vezes isso acontece: vemos pessoas das quais passamos a gostar de imediato, mesmo que não se saiba por quê. O menino quis dizer alguma coisa, mas como era muito tímido dirigiu-se a Siddartha 3 ou 4 vezes antes de dizer: – eu gosto muito do senhor. Siddartha olhou para ele e disse: – eu também gosto de você. Animado por essa

As três gemas

resposta, o menino disse: – eu gostaria tanto de lhe oferecer alguma coisa, mas não tenho nada que possa lhe dar. Siddartha então disse: – você tem sim algo de que eu preciso; você tem esse belo capim verde que acabou de cortar. Se quiser, por gentileza, me dê uma braçada desse capim. O menino ficou felicíssimo em poder dar algo a ele, e Siddartha espalhou o capim fazendo uma espécie de almofada sobre a qual pudesse sentar-se.

Ao sentar-se, ele fez um voto com firmeza: enquanto não alcançar a iluminação, não me levantarei. Com essa forte determinação ele meditou a noite inteira, e quando a estrela da manhã surgiu no céu, se tornou uma pessoa iluminada, um Buda, com a mais alta capacidade de compreensão e amor.

Buda permaneceu neste local durante duas semanas, sorrindo e desfrutando de sua respiração. Todos os dias a leiteira trazia-lhe arroz e o menino-dos-búfalos também vinha vê-lo. Ele lhes ensinou sobre a compreensão, o amor e o estar desperto. Existe uma escritura no *Cânon páli* chamada *Sutta do cuidado dos búfalos* que enumera onze habilidades que um cuidador de búfalos deve ter, ou seja: reconhecer seus búfalos, fazer fumaça para afastar os mosquitos, tratar dos ferimentos no corpo dos búfalos, ajudar os búfalos na travessia dos rios, achar lugares com bastante água e capim para eles beberem e comerem... Depois de enumerar 11 habilidades, Buda disse aos monges que meditação também era assim, e enumerou 11 habilidades paralelas para os monges: reco-

Caminhos para a paz interior

nhecer os cinco componentes do ser humano etc. A maioria das estórias sobre a vida de Buda se referem a essas duas semanas que ele permaneceu junto à árvore Bodhi, encontrando-se com a leiteira e o menino-dos-búfalos, caminhando tranquilamente, desfrutando da presença deles. Estou certo de que foi assim. De outra forma como poderia ter concebido o *Sutta do cuidado dos búfalos?* Na verdade, quando o menino-dos-búfalos cresceu deve ter se tornado discípulo de Buda, e um belo dia, quando sentou-se à frente da assembleia, Buda proferiu o sutra.

Depois de duas semanas, Buda concluiu que devia levantar-se do seu lugar sob a árvore Bodhi e compartilhar seu entendimento e compaixão com outras pessoas. Ele disse então à leiteira e ao menino-dos-búfalos: – Sinto muito, mas agora tenho que partir. Foi uma felicidade estarmos juntos, mas eu preciso ir e trabalhar com os adultos.

Refletiu sobre com quem poderia partilhar seu entendimento e compaixão e lembrou-se dos cinco amigos que tinham praticado com ele. Caminhou um dia inteiro para ir ao encontro dos mesmos, e quando finalmente chegou ao acampamento, seus amigos tinham acabado de fazer a meditação sentada da tarde. Eles sentaram um bocado. E como você pode imaginar, tinham emagrecido bastante. Um deles avistou Buda quando este se aproximava e disse aos demais: – Não levantem quando ele chegar. Não vão à porteira para dar-lhe boas-vindas. Não busquem água para ele la-

As três gemas

var as mãos e os pés. Ele não foi perseverante. Comeu arroz e bebeu leite. Mas ao se aproximar Buda estava tão tranquilo e magnetizante que não puderam deixar de oferecer-lhe água para lavar as mãos e os pés, e de dar-lhe um lugar especial para sentar-se. Buda lhes disse: – Amigos, encontrei uma forma de desenvolver a compreensão e o amor. Por favor, sentem-se. Eu lhes vou ensinar.

Inicialmente eles não acreditaram e disseram: "Siddhartha, enquanto nós praticávamos juntos, você desistiu, bebeu leite e comeu arroz. Como é possível que tenha se tornado uma pessoa inteiramente iluminada? Por favor nos diga. Não podemos acreditar". Buda disse: – Alguma vez eu menti? De fato ele jamais havia mentido e esses amigos sabiam disso. – Eu nunca disse uma mentira nem vou dizer agora. Eu me tornei uma pessoa inteiramente iluminada e vou ser o mestre de vocês. Sentem-se e ouçam. E os cinco sentaram-se em torno dele, ouvindo-o. Foi a primeira palestra sobre o dharma que ele deu a adultos. Se você quiser saber suas palavras, elas poderão ser encontradas num maravilhoso sutra que explica as doutrinas básicas do budismo: o sofrimento, sua causa, eliminação e a forma de eliminá-lo.

Eu tenho lido muitas narrações sobre a vida de Buda e o vejo como uma pessoa igual a nós. Às vezes certos artistas o retratam de uma forma que não podemos reconhecê-lo como um ser humano. Na verdade ele é um ser humano. Eu tenho visto uma infinidade de estátuas de Buda, mas não muitas realmente bonitas e

Caminhos para a paz interior

simples. Se você algum dia quiser fazer uma imagem de Buda, por favor, sente-se e respire por 5 ou 10 minutos, sorrindo, antes de pegar o lápis e começar a desenhar. E então desenhe um Buda simples – bonito mas simples – com um sorriso. Se puder, desenhe algumas crianças sentadas junto a ele. Buda é jovem, não muito severo, nem muito solene, com um leve sorriso na face. É nessa linha que devemos nos orientar, porque, ao olharmos Buda, temos que gostar dele da mesma forma que aconteceu com o menino-dos-búfalos e com a jovem leiteira.

***

Quando dizemos: *Eu me refugio em Buda*, deveríamos entender também: *Buda se refugia em mim*; porque sem a segunda parte, a primeira não é completa. Buda necessita de nós para que o despertar, o amor e a compreensão possam se tornar reais e não meros conceitos. Essas coisas devem ter efeitos concretos na vida. Sempre que eu digo: *Eu me refugio em Buda*, ouço: *Buda se refugia em mim*. Esta é uma poesia para quando se plantar uma árvore ou qualquer outra planta:

> Eu me confio à terra,
> a terra se confia a mim.
> Eu me confio a Buda,
> Buda se confia a mim.

Eu me confio à terra. É como *Eu me refugio em Buda* (Eu me identifico com as plantas). A planta vive ou morre em função da

As três gemas

terra. A planta se refugia na terra, no solo. E a *terra se confia a mim*, porque cada folha que cai e se decompõe torna o solo mais rico. Nós sabemos que a camada mais rica e bonita do solo é formada pela vegetação. Nossa terra é verde e bela por causa da vegetação. Assim, da mesma forma que o verde precisa da terra, a terra precisa da vegetação para expressar-se como um planeta belo. Assim, quando dizemos *Eu me confio à terra* eu, que sou planta, devo ouvir também a outra versão: *a terra se confia a mim*.

Eu me confio a Buda, Buda se confia a mim. Isso torna bem claro que a sabedoria, a compreensão e o amor de Shakyamuni Buda precisam de nós para se tornarem outra vez realidade. Assim, nossa tarefa é muito importante: realizar o estado desperto, realizar a compaixão, realizar o entendimento. Todos nós somos budas, porque só através de nós é que a compreensão e o amor se tornam tangíveis e efetivos. Thich Thanh Van foi morto durante seu empenho em ajudar os outros. Ele foi um bom budista, um bom buda, porque foi capaz de ajudar dezenas de milhares de pessoas vítimas da guerra. Através dele o despertar, a compreensão e o amor se tornaram reais. Podemos, pois, chamá-lo de *buddhakaya*, o que em sânscrito significa *corpo de Buda*. Para o budismo ser real é necessário que haja um buddakaya, ou seja, uma personificação da atividade desperta. De outra forma o budismo é apenas uma palavra. Thich Thanh Van era *buddhakaya*.

Caminhos para a paz interior

Shakyamuni Buda era um *buddhakaya*. Ao realizar o ato de despertar, compreender e amar cada um de nós é *buddhakaya*.

***

A segunda joia é o dharma, isto é, o que Buda ensinou. É o caminho da compreensão e amor – como entender, como amar, como transformar essas coisas numa realidade. Antes de morrer, Buda disse aos seus discípulos. "Meus caros, meu corpo físico não estará mais aqui amanhã, mas o corpo do meu ensinamento estará sempre aqui para ajudá-los. Considerem-no como seu mestre, um mestre que jamais se separa de vocês.

Esse foi o nascimento do *dharmakaya*. O dharma tem um corpo, o corpo dos ensinamentos ou o corpo do caminho. Como você pode ver o significado de *dharmakaya* é muito simples, embora as pessoas o tenham tornado complicado. Dharmakaya significa apenas os ensinamentos de Buda, a forma de realizar a compreensão e o amor. Mais tarde tornou-se uma espécie de fundamento ontológico do ser.

Qualquer coisa pode ajudar a despertar sua natureza búdica. Quando estou só e algum pássaro me chama, retorno a mim mesmo, respiro e sorrio e, às vezes, ele volta a me chamar. Então sorrio e respondo: – Já estou ouvindo-o. Não só os sons como também as paisagens podem relembrá-los de retornarem a si mesmos. Ao abrir a janela de manhã e ver a luz inundar o ambiente, você pode reco-

As três gemas

nhecer isso como a voz do dharma, e isso se torna parte do dharma-kaya. Essa é a razão por que as pessoas despertas veem a manifestação do dharma em todas as coisas. Num seixo, num bambu, no choro de uma criança, qualquer coisa pode ser a voz do dharma chamando. Nós devíamos ser capazes de praticar dessa forma.

Certa vez um monge se dirigiu a Tue Trung, o mais ilustre professor de budismo no Vietnã – no século XIII, tempo em que o budismo florescia no país. – O que é dharmakaya puro, imaculado? – perguntou o monge. E Tue Trung apontou-lhe o excremento de um cavalo. Essa foi uma abordagem irreverente do dharma-kaya, porque as pessoas estavam usando a palavra *imaculado* para descrevê-lo. Você não pode usar palavras para descrever o dharmakaya. Mesmo que se diga que é imaculado, puro, isso não significa que ele seja separado das coisas que são impuras. A realidade última está além de adjetivos puros e impuros. De modo que sua resposta foi para sacudir a mente do monge, para fazê-lo desvencilhar-se de todos os adjetivos e, assim, poder enxergar a natureza do dharmakaya. Um mestre também é parte do dharma-kaya, porque ele (ou ela) nos ajuda a despertar. Sua aparência, sua forma de viver o dia a dia, sua forma de lidar com as pessoas, animais, plantas, nos ajudam a atingir o entendimento e o amor em nossa vida.

Existem muitas formas de ensinar: por livros, por palavras, por fitas gravadas. Eu tenho um amigo que é mestre de Zen no

Caminhos para a paz interior

Vietnã; é muito conhecido, mas não são muitas pessoas que podem estudar com ele. Por isso, fazem gravações de suas palestras; e ele passou a ser conhecido como o monge K-7. Ele ainda está no Vietnã. O governo acabou de expulsá-lo do seu mosteiro, e ele teve que ir ensinar em outro lugar. Não lhe é permitido falar na cidade de Ho Chi Minh, porque, se ele o fizer, muitas pessoas irão ouvi-lo, e o governo não gosta disso.

Mesmo que não ensine, simplesmente *sendo* ele, nos ajuda a despertar, porque ele é parte do dharmakaya. Este não é expresso só por palavras, por sons. Pode expressar-se simplesmente *sendo*. Às vezes ajudamos mais quando não fazemos nada do que quando fazemos muito. Chamamos isso de *não ação*. É como a pessoa calma no barco em meio à tempestade. Essa pessoa não precisa fazer muito, basta ser como é, e a situação muda. Esse é também um dos aspectos do dharmakaya: sem falar, sem ensinar, apenas *sendo*.

Essa verdade concerne não somente aos seres humanos, mas também a outras espécies. Olhe para as árvores do pátio. Um carvalho é um carvalho. Isso é tudo o que ele tem a fazer. Agora, se o carvalho é menos que um carvalho, então todos nós estamos em dificuldades. Portanto, o carvalho está pregando o dharma. Sem fazer nada, sem servir na *Escola da juventude para serviços sociais*, sem pregar, sem mesmo sentar em meditação; o carvalho nos é muito útil, simplesmente por existir. Toda vez que olhamos para um carvalho, ganhamos confiança. Durante o verão sentamos sob

As três gemas

ele e nos refrescamos, nos sentimos relaxados. Sabemos que se o carvalho e as outras árvores não existissem, não teríamos ar bom para respirar.

Sabemos também que em nossas vidas anteriores fomos árvores. Pode ser mesmo que tenhamos sido um carvalho. Isso não é só budismo, isso é científico. O ser humano é uma espécie muito nova – nós aparecemos na terra só recentemente. Antes disso éramos rocha, gás, minerais e depois seres unicelulares. Agora nos tornamos seres humanos. Temos que nos relembrar de nossas existências passadas. Isso não é difícil. Apenas sente, respire e observe; e você poderá ver suas existências passadas. O carvalho não sofre quando o xingamos. Quando o elogiamos tampouco levanta o nariz. Podemos aprender o dharma com o carvalho; portanto, ele é parte do nosso dharmakaya. Podemos aprender de tudo o que existe em torno e dentro de nós. Mesmo que não estejamos num centro de meditação, podemos praticar em casa, porque o dharma está presente em torno de nós. Tudo prega o dharma. Cada seixo, cada folha, cada flor está pregando o *Sadharma Pundarika Sutra*.

***

Sangha é a comunidade que vive consciente e em harmonia. Sanghakaya é um novo termo em sânscrito. A Sangha também precisa de um corpo. Quando você está com sua família e pratica

Caminhos para a paz interior

respiração e sorriso, reconhecendo o corpo de Buda em você e em seus filhos, então sua família se torna uma sangha. Se você tiver um sino em seu lar, este se torna parte de seu sanghakaya, porque o sino ajuda-o a praticar. Se você tiver um zafu[7], este também torna-se parte do sanghakaya. Muitas coisas podem nos ajudar a praticar. O ar para respirar... Se tiver um parque ou um rio perto de sua casa, sorte sua, porque você pode aproveitar para praticar meditação andando. Você mesmo tem que descobrir seu sanghakaya, convidando um amigo para praticar com você na meditação do chá; ou sentado com você; ou acompanhando-o na meditação andando. Todos esses esforços são para estabelecer seu sanghakaya em casa. É mais fácil praticar quando se tem um sanghakaya.

Antes de ter se tornado Buda, Siddhartha foi deixado pelos cinco monges que o acompanhavam, quando começou a tomar leite. Assim, ele fez da árvore Bodhi seu sanghakaya. Fez do menino-dos-búfalos, da leiteira do rio, das árvores, seu sanghakaya. Existem no Vietnã pessoas que vivem em *campos de reeducação*. Elas não têm uma sangha; não têm um centro Zen. Mas praticam. Elas têm que olhar outras coisas como parte de seu sanghakaya. Conheço pessoas que praticam meditação andando dentro de suas celas na prisão. Elas me contaram isso depois de terem sido liber-

---

7. Zafu: almofada especial que facilita a postura correta de meditar sentado [N.T.].

As três gemas

tadas. Portanto, nós que temos a sorte de poder contar com tantas coisas para estabelecer nosso sanghakaya não devemos deixar de fazê-lo. Um amigo, nossos filhos, nosso próprio irmão ou irmã, nosso lar, as árvores do nosso pátio, tudo isso pode ser parte do nosso sanghakaya.

A prática do budismo, a prática da meditação é para a pessoa se tornar serena, compreensiva e amorosa. Desta forma trabalhamos pela paz de nossa família, de nossa sociedade. Se olharmos mais de perto, veremos que as três joias são, na verdade, uma. Em cada uma delas as outras duas estão presentes. Em Buda existe o estado búdico, existe o corpo de Buda. Em Buda existe o corpo do dharma, porque sem este ele não poderia se tornar Buda. Em Buda está o corpo da sangha, porque ele fez seu desjejum junto à arvore Bodhi, a outras árvores e pássaros da região. Num centro de meditação temos um corpo de sangha, sanghakaya, porque ali é praticada a compreensão, a compaixão. Assim, o corpo do dharma, o caminho e os ensinamentos estão presentes. Mas os ensinamentos não podem tornar-se uma realidade sem a vida e o corpo nossos. De forma que budhakaya também está presente. Se Buda e dharma não estiverem presentes, não existe sangha. Sem você, Buda não é uma realidade, mas apenas uma ideia.

Sem você, o dharma não pode ser praticado. Precisa ter alguém para poder ser praticado. A sangha não pode existir sem

Caminhos para a paz interior

cada um de vocês. Por isso, quando dizemos: *Eu me refugio em Buda*, ouvimos também: Buda se refugia em mim. Eu me refugio no dharma. O dharma se refugia em mim. Eu me refugio na sangha; a sangha se refugia em mim.

3
Sentimentos e percepções

De acordo com o budismo, os seres humanos são compostos de cinco partes: forma, que significa nosso corpo, incluindo o sistema nervoso e os cinco órgãos do sentido; sentimentos; percepções, formação de pensamentos; consciência. Eu gostaria de falar sobre sentimentos e percepções.

Todos os dias nos ocorrem muitos sentimentos. Ora estamos felizes, ora estamos tristes, às vezes com raiva, irritados ou com medo; e esses sentimentos tomam nossa mente e coração. Um sentimento permanece por um certo tempo e logo outro toma o seu lugar; e outro, e outro, uma corrente ininterrupta de sentimentos com os quais temos que lidar.

Caminhos para a paz interior

Os textos do abhidharma[8] sobre a psicologia budista dizem que os sentimentos têm três categorias: agradável, desagradável e neutro. Quando pisamos num prego temos um sentimento desagradável. Quando alguém nos diz algo gentil – *Você é muito inteligente* ou *Você é muito bonito* – temos um sentimento agradável. E existe o sentimento neutro; exemplo: às vezes você senta-se num lugar e não sente nenhum prazer ou desprazer. Eu tenho lido o abhidharma e praticado o budismo, e acho que essa análise não é correta. O chamado sentimento neutro pode tornar-se muito agradável. Se você senta com elegância e pratica respiração e sorriso, pode ficar muito feliz. Quando você senta desse jeito, consciente de estar tendo um sentimento de bem-estar, de que não tem nenhuma dor de dente, de que seus olhos são capazes de ver formas e cores, não é maravilhoso?!

Para algumas pessoas trabalhar é desagradável, e sofrem quando têm que fazê-lo. Para outros, desagradável é serem proibidos de trabalhar. Eu faço diversos tipos de trabalho, e se me fosse proibido encadernar livros, cuidar do jardim, escrever poesia, praticar meditação andando, ensinar às crianças... eu ficaria muito infeliz. Para mim trabalhar é um prazer. O prazer ou o desprazer depende da forma com que vemos as coisas.

---

8. Abhidharma: uma das três seções, do tripitaka ou cânone budista, onde os também chamados sãstras, atribuídos aos discípulos de Buda ou grandes eruditos, tentam interpretar as doutrinas budistas [N.T.].

Sentimentos e percepções

Nós chamamos a visão de sentimento neutro. Porém, alguém que tenha perdido a visão daria qualquer coisa para poder enxergar, e se de repente conseguisse, consideraria isso uma dádiva milagrosa. Nós que temos olhos capazes de ver formas e cores somos frequentemente infelizes. Se queremos praticar, podemos sair e ver as folhas, flores, crianças, nuvens e ficar felizes. Estar feliz ou infeliz depende da nossa sabedoria. Quando você tem dor de dente, acha que sem essa dor seria feliz; mas frequentemente, mesmo sem ter dor de dente, você não se sente feliz. Se sua consciência for despertada, você se torna, de súbito, feliz, muito feliz. Praticar budismo é uma forma hábil, esperta de desfrutar a vida. A felicidade está disponível. Por favor, sirva-se dela. Todos nós temos a capacidade de transformar os sentimentos neutros em sentimentos agradáveis, em sentimentos de prazer que podem durar longo tempo. É isso que praticamos durante a meditação sentada ou andando. Se você está feliz, todos nós nos beneficiaremos com isso. A sociedade se beneficiará. Todos os seres vivos se beneficiarão.

As placas de madeira colocadas fora da sala de meditação dos mosteiros têm gravada uma inscrição de quatro palavras: *Não perca seu tempo*. Nossa vida é feita de dias e horas, e cada hora é preciosa. Estarão nossas horas, nossos dias sendo desperdiçados? Estaremos perdendo nossa vida? Essa é uma pergunta muito importante. Praticar budismo é estar vivo a cada momento. Quando praticamos meditação sentada ou andando, temos meios de fazer

Caminhos para a paz interior

isso perfeitamente. Durante o resto do dia também praticamos. É mais difícil, mas é possível. A plena consciência que desenvolvemos ao praticar meditação sentada ou andando deve ser estendida também para os momentos em que não estamos sentados ou andando. Esse é o princípio básico da meditação.

***

Percepção inclui nossas ideias e conceitos sobre a realidade. Ao olhar para um lápis, você o percebe; mas o lápis, ele próprio, pode ser diferente do lápis que está em sua mente. Se você olhar para mim, o *eu* dentro de mim pode ser diferente daquele que você percebe. Para ter uma percepção correta, precisamos de um confronto direto.

Ao olhar para o céu à noite, você pode avistar uma linda estrela e sorrir para ela. Mas um cientista pode dizer-lhe que essa estrela já não está mais lá, que foi extinta há dez milhões de anos. Assim, nossa percepção não é correta. Quando vemos um lindo pôr do sol, ficamos felizes, achando que o sol está existindo conosco. Mas, na verdade, ele já se escondeu atrás da montanha há oito minutos. Leva oito minutos para a luz do sol chegar ao nosso planeta. O fato é que nunca vemos o sol no presente, sempre o vemos no passado. Vamos supor que, caminhando durante o crepúsculo, você enxergasse uma cobra e gritasse, mas quando acende a lanterna vê que se trata apenas de um pedaço de corda. Esse é um

Sentimentos e percepções

erro de percepção. Existem muitas e falsas percepções em nossa vida diária. Se eu não o compreendo, posso ficar com raiva de você o tempo todo. Não somos capazes de compreender uns aos outros, e essa é a fonte maior do sofrimento humano.

Um homem remava seu barco rio acima numa manhã muito nevoada. De repente viu outro barco vindo rio abaixo, sem procurar desviar do seu. O barco vinha justamente em sua direção. – Cuidado, cuidado – gritou o homem. Mas o barco veio direto contra ele e seu barco quase afundou. Com raiva o homem começou a berrar com a pessoa que estaria no outro barco, chamando-a às falas. Mas quando olhou mais de perto, viu que não havia ninguém no outro barco. Este simplesmente tinha se soltado e flutuava na correnteza. Toda a sua raiva se esvaiu, e ele começou a gargalhar. Se nossa percepção não é correta pode nos dar uma porção de maus sentimentos. O budismo nos ensina a olhar profundamente as coisas e entendê-las em sua própria natureza, para que não sejamos conduzidos ao sofrimento e aos maus sentimentos.

***

Buda ensinou que isto é assim porque aquilo é assim. Entende?! Porque você sorri eu fico feliz. Isto é como isto; portanto, aquilo é como aquilo. E aquilo é como aquilo porque isto é como isto. Chama-se a isso *cossurgimento dependente*.

Caminhos para a paz interior

Suponhamos que você e eu sejamos amigos – espero que, de verdade, o sejamos. Meu bem-estar, minha felicidade depende bastante de você; assim como seu bem-estar, sua felicidade depende bastante de mim. Eu sou responsável por você e você responsável por mim. Eu sofrerei com qualquer coisa que você faça de errado, assim como você sofrerá com qualquer coisa que eu faça de errado. Assim, para cuidar de você eu tenho que cuidar de mim mesmo.

Existe uma estória no Cânon páli[9] sobre um pai e filha que trabalhavam num circo. O pai colocava uma longa vara de bambu na testa e a sua filha a escalava até a extremidade. Com essa demonstração ganhavam algumas moedas para comprar arroz e comer. Um dia o pai disse à filha: – Querida filha, nossa apresentação é muito perigosa. Temos que cuidar um do outro; você tem que cuidar de seu pai e eu de você, para assim nos defender.

Porque se ela caísse e quebrasse uma perna, eles não teriam o que comer. – Minha filha, temos que cuidar um do outro para poder continuar ganhando a nossa vida.

A filha era inteligente e respondeu: – Pai, você devia dizer desta maneira: Cada um de nós tem que olhar por si mesmo, para assim podermos continuar a ganhar nossa vida. Porque tomando conta de você próprio durante a apresentação, você estará com

---

9. Cânon páli: cânone em língua pah [N.T.].

Sentimentos e percepções

sua atenção totalmente concentrada nisso. E se tornará seguro, alerta. E isso ajudará a mim. E se, ao escalar, eu tomo conta de mim mesma, estarei escalando com todo cuidado, não deixando que nada de errado lhe aconteça. É dessa maneira que você deve falar, pai. Você toma conta de você, e eu tomo conta de mim. Dessa forma podemos continuar ganhando nossa vida. O pai concordou com a filha.

Assim, como amigos, nossa felicidade depende de cada um de nós. De acordo com esse ensinamento eu tenho que cuidar de mim e você de você. Dessa forma estaremos ajudando um ao outro. E essa é a percepção mais correta. Se apenas digo: "Não faça isto, faça aquilo" – e não cuidar de mim mesmo, posso fazer muita coisa errada, e isso não ajuda em nada. Tenho que cuidar de mim, sabendo que sou responsável pela minha felicidade. E se você fizer o mesmo, tudo correrá bem. Esse é o ensinamento de Buda sobre a percepção, baseado no princípio do *cossurgimento dependente*. Budismo é fácil de aprender!

Buda tinha uma maneira especial de nos ajudar a entender o objeto de nossa percepção. Ele diz que para entendermos temos que nos tornar um com aquilo que queremos entender. Isso é possível na prática. Cerca de 15 anos atrás eu ajudava num comitê de órfãos, vítimas da Guerra do Vietnã. De lá nos enviavam requisições, folhas de papel com a pequena foto de uma criança num canto, dando nome, idade e condições. Nós tínhamos que traduzir

Caminhos para a paz interior

esses dados para o francês, inglês, alemão e holandês, a fim de procurar um patrocinador para que a criança recebesse comida, livros escolares... e fosse colocada junto à família de uma tia, avós ou qualquer outro parente. Feito isso, o comitê enviava o dinheiro a um dos membros da família para que tomasse conta da criança.

Eu ajudava a traduzir cerca de 30 requisições por dia. Fazia-o olhando para a foto da criança. Geralmente, depois de 30 ou 40 segundos, tornava-me um com a criança. Não sei como ou por que, mas era assim. Eu pegava a caneta e traduzia as palavras da requisição em outro papel. Depois me dei conta de que não era eu quem fazia a tradução, e sim era a criança e eu que havíamos nos tornado um. Olhando para o rosto da criança, eu me motivava e me tornava a criança, e a criança se tornava eu; e, juntos, fazíamos a tradução. É muito natural. Você não precisa praticar muita meditação para ser capaz de fazer isso. Apenas olha, se permite ser, e então você se perde na criança e a criança em você. Esse é um exemplo que ilustra a forma da percepção recomendada por Buda. Para entender uma coisa você precisa ser um com ela.

Na língua francesa existe a palavra *comprendre*, que significa compreender, saber, entender. *Com* significa ser um, ser junto; *prendre* quer dizer pegar. Entender uma coisa é pegá-la e se tornar um com ela. Os indianos têm um exemplo maravilhoso: se um grão de sal quer medir o grau de salinidade do oceano, ele se lança ao mar; e se tornando um com ele, sua percepção será perfeita.

Sentimentos e percepções

Hoje os físicos nucleares começaram a ver da mesma forma. Quando penetram profundamente no mundo das partículas subatômicas, eles veem sua própria mente nele. Um elétron é antes de tudo seu conceito do elétron. O objeto de seu estudo não é mais separado da sua mente. Sua mente está bastante nele. Os físicos modernos acham que a palavra *observador* não é mais válida porque indica que o observador é distinto do objeto que está sendo observado. Descobriram que, se conservarem esse tipo de distinção, não podem ir muito longe na ciência nuclear subatômica. Assim, eles propuseram a palavra *participante*. Você não é um observador, mas um participante. É assim que me sinto quando faço uma palestra. Eu não quero a audiência de fora somente ouvindo e observando. Quero que ela e eu sejamos um, praticando, respirando juntos. Aquele que fala e aqueles que ouvem têm que se tornar um para que se dê a percepção correta. *Não dualidade* significa *não dois*; mas *não dois* significa também *não um*. Por isso dizemos *não dual* em vez de *um*. Porque se há um, há dois. Você tem que abolir também o um.

No *Suttra Satipatthana*, o manual básico de meditação desde os tempos de Buda, está escrito: "O praticante terá que contemplar corpo no corpo, sentimentos nos sentimentos, mente na mente, objeto da mente no objeto da mente". As palavras são claras. A repetição "corpo no corpo" não é só para sublinhar sua importância. Contemplar corpo no corpo quer dizer que não fique você

Caminhos para a paz interior

fora da coisa a fim de contemplá-la. Você tem que se tornar um com ela, sem distinção entre contemplador e contemplado. Contemplar corpo no corpo significa que você não deve olhar seu corpo como um objeto de sua contemplação. Você tem que ser um com ele. A mensagem é clara. Não dualidade é a palavra-chave para a meditação budista.

***

Sentar não é suficiente. Temos que *ser* ao mesmo tempo. Ser o quê? Ser é ser alguma coisa. Você não pode ser nada. Para comer você come alguma coisa, não pode apenas comer. Estar consciente é estar consciente de alguma coisa. Estar com raiva é estar com raiva de alguma coisa. Portanto, ser é ser alguma coisa; e essa coisa é o que está se passando no seu corpo, mente, sentimento e no mundo.

Na meditação sentada você senta e é. É o quê? É sua respiração, não apenas aquele que respira. Você é a respiração e o sorriso. É como um aparelho de TV com muitos canais. Quando liga o canal da respiração você é respiração. Quando liga o da irritação, você é irritação. Você é um com ela. Irritação e respiração não são coisas fora de você. Mas você as contempla nelas, porque você é um com elas.

Se tenho um sentimento de raiva, como meditaria nisso? Como eu lidaria com isso: como um buda ou como uma pessoa in-

Sentimentos e percepções

teligente? Não olharia a raiva como uma coisa exterior a mim, contra a qual tenho que lutar, fazer uma cirurgia para extirpá-la. Eu sei que a raiva sou eu e eu sou a raiva. Não dualidade, não dois. Tenho que lidar com minha raiva com muito cuidado, com amor, com ternura, sem violência. Porque a raiva sou eu, tenho que olhá-la com cuidado, como olharia para um irmão ou irmã mais jovem; com amor, com carinho, porque eu mesmo sou a raiva, eu estou nela, eu sou ela. No budismo não consideramos a raiva, o ódio, a ganância... como inimigos, contra os quais temos que lutar para destruir, para aniquilar. Se aniquilamos a raiva estamos aniquilando a nós mesmos. Lidar dessa forma com a raiva seria transformar você num campo de batalha; seria como parti-lo em dois, uma parte tomando o lado de Buda, a outra tomando o lado de mara[10]. Lutar desse jeito é fazer violência contra si mesmo. Se você não é capaz de ter compaixão de si mesmo, não será capaz tampouco de ter pelos demais. Quando ficamos com raiva, o que temos a fazer é despertar nossa consciência: *Estou com raiva; a raiva sou eu; eu sou a raiva.* Essa é a primeira coisa a fazer.

No caso de uma pequena irritação, o simples reconhecimento da presença da irritação, o sorriso e algumas poucas respirações bastarão para transformá-la em algo mais positivo, como perdão, entendimento, amor. Irritação é uma energia muito destrutiva. O

---

10. Mara: em sânscrito significa príncipe da escuridão [N.T.].

Caminhos para a paz interior

perdão é uma energia construtiva. Entendimento também é construtivo. Suponhamos que você esteja num deserto e conta apenas com um copo de água barrenta. É preciso que transforme essa água barrenta em água clara para beber. Você não pode simplesmente jogá-la fora. Para isso deixará que ela se assente por algum tempo, e uma água clara aparecerá depois. Da mesma forma temos que transformar a raiva num tipo de energia que seja mais construtiva, porque raiva é você. Sem a raiva nada lhe resta. Esse é o trabalho da meditação.

Anteriormente citei o exemplo do irmão mais velho que, a princípio, ficou com raiva da irmã; mas depois, ao notar que ela estava com febre, preocupou-se e procurou ajudá-la. Assim, diante do seu entendimento, a energia destrutiva da raiva foi transformada em energia de amor. Meditar em sua raiva é antes de tudo tomar consciência da raiva – *Eu sou a raiva* – e então olhar profundamente a natureza da raiva. A raiva nasce da ignorância e é sua forte aliada.

***

Percepções são as percepções do nosso corpo, pensamentos, mente, natureza e sociedade. Para vermos a natureza de Buda deveríamos ter uma boa percepção de um carvalho, de sua função como mestre do dharma. Temos que perceber corretamente nosso sistema político e econômico para saber o que está havendo de er-

Sentimentos e percepções

rado. Percepção é muito importante para o nosso bem-estar, para nossa paz. A percepção deve ser livre de emoções, ignorância e ilusões.

No budismo o conhecimento é visto como um obstáculo para o entendimento, como um bloco de gelo obstruindo a corrente de água. É sabido que se tomamos uma coisa como verdade e a isso nos apegamos, mesmo que a própria verdade apareça em pessoa e bata à nossa porta, nós não a abriremos. Para que as coisas possam ser reveladas a nós, precisamos estar dispostos a abandonar nossos pontos de vista sobre as mesmas.

Buda contou uma estória sobre isso. Um jovem viúvo tinha um filho de 5 anos, a quem amava muito. Num dia em que teve de ausentar-se para tratar de negócios, sua vila foi invadida e incendiada por bandidos que levaram também o seu filho. Ao voltar e dar com as ruínas, o homem ficou em pânico. Tomou o cadáver carbonizado de um empregado doméstico como sendo de seu filho, chorando e debatendo-se desatinadamente. Organizou uma cerimônia de cremação, recolheu as cinzas e as guardou numa linda sacola de veludo. Trabalhando, dormindo, comendo, ele sempre carregava a sacola consigo.

Um dia seu filho conseguiu escapar dos sequestradores e correu, tomando o caminho de casa. Chegou à nova cabana do pai no meio da noite e bateu à porta. Imagine que o pai ainda carregava

Caminhos para a paz interior

consigo a sacola, chorando, relembrando. – Quem é? – perguntou o pai. – Sou eu, papai. Abra a porta. É seu filho.

No seu atormentado estado mental, o pai achou que seria algum moleque travesso querendo se divertir às suas custas e berrou, mandando o menino embora, continuando a chorar. O rapaz bateu outras e outras vezes, mas o pai recusou-se a abrir a porta. Depois de um bom tempo o rapaz finalmente desistiu e se foi. A partir daí pai e filho nunca mais se viram. Ao terminar de contar esta estória Buda disse: – Às vezes, em algum lugar, você toma alguma coisa como sendo verdade. Se você se apega muito a isso, quando a verdade chegar em pessoa e bater à sua porta, você não a deixará entrar.

Conservar um conhecimento não é uma boa forma de entendimento. Entendimento é jogar fora seu conhecimento. Você deve ser capaz de transcender seus conhecimentos do mesmo jeito que sobe uma escada. Se está no quinto degrau e pensa que está muito alto, não há esperança que suba ao sexto. A técnica é se desapegar, soltar. A forma budista de compreender é sempre de soltar nossos pontos de vista e conhecimentos, a fim de transcender. Este é o ensinamento mais importante. O conhecimento é sólido e obstrui o curso do entendimento. A água pode fluir, penetrar.

4

O coração da prática

Meditar não é retirar-se, escapar da sociedade, mas sim preparar-se para reentrar nela de forma efetiva. Chamamos isso de *budismo engajado*.

Quando comparecemos a um centro de meditação ou a um retiro podemos ter a impressão de que deixamos tudo para trás – família, sociedade, e todas as complicações envolvidas – e nos tornamos apenas um indivíduo em busca da paz. Isso é uma ilusão, porque em budismo não existe propriamente "indivíduo".

Assim como um pedaço de papel é resultado da combinação de muitos elementos que podemos chamar de elementos não papel, o indivíduo é feito de elementos não indivíduo. Se você é poeta, verá claramente que existe uma nuvem pairando nesta folha de papel. Sem a nuvem não há água, sem água as árvores não

Caminhos para a paz interior

podem crescer, e sem árvores não se pode fazer papel. Portanto, a nuvem está nesta folha de papel. Esta folha depende da existência da nuvem. Papel e nuvem, portanto, são um.

Vamos considerar outra coisa: o sol, por exemplo. Ele é muito importante porque sem a sua luz a floresta não se desenvolve nem tampouco os seres humanos. Assim, o lenhador necessita do sol para cortar a árvore, e esta precisa do sol para ser árvore. Portanto, você pode ver também o sol nesta folha de papel. E se olhar mais atentamente, com os olhos de quem está desperto, verá não só a nuvem e o sol nesta folha, mas tudo: o trigo que se transformou no pão que alimentou o lenhador, o pai do lenhador – tudo está contido nesta folha de papel.

O *Suttra Avatamsaka* mostra que não podemos apontar uma só coisa que não tenha alguma relação com esta folha de papel. Por isso dizemos: *Uma folha de papel é feita de elementos não papel*. A nuvem é um elemento não papel. A floresta é um elemento não papel. A luz do sol é um elemento não papel. O papel é em tal extensão feito de elementos não apel que se nós retornarmos à fonte dos elementos não papel: a nuvem, o céu, o sol, o lenhador, o pai do lenhador etc., chegamos à inexistência do papel, chegamos ao vazio. Vazio? Vazio de quê? Vazio do *eu-papel* separado de tudo mais. O eu-papel foi feito de todos os elementos não papel, por sua vez também sem eu-próprio; e se todos esses elementos são retirados, o que resta é o nada, o vazio de qualquer

O coração da prática

eu independente. Vazio de *eu* mas cheio de todas as coisas, do cosmo inteiro. Nesta simples folha de papel está a presença de todo o cosmo.

Da mesma forma, um indivíduo é feito de elementos não individuais. Como você pode pensar que ao entrar num centro de meditação tudo fica para trás? A espécie de sofrimento que você carrega no coração é a própria sociedade. Você carrega isso consigo, você carrega a sociedade, a todos nós consigo. Quando medita não o faz só por si mesmo, e sim por toda a sociedade. Procura solucionar seus problemas não só para você mesmo, mas para todos nós.

As folhas geralmente são encaradas como filhas das árvores. Sim, elas são filhas das árvores, mas são também mães das árvores. A folha junta seiva, água, minerais, com luz solar e gases, e os converte numa combinação que nutre a árvore. Dessa forma, a folha se torna mãe da árvore. Nós todos somos filhos da sociedade, mas somos também mães dela. Temos que nutrir a sociedade. Se nos desenraizamos da sociedade, não podemos transformá-la num lugar em que nós mesmos e nossos filhos possam viver mais dignamente. As folhas estão ligadas à árvore pelo talo. O talo é muito importante.

Eu tenho trabalhado no jardim de nossa comunidade durante anos seguidos e sei que às vezes é muito difícil fazer o transplante de uma poda. Algumas plantas não aguentam o transplante facilmente; por isso usamos uma espécie de hormônio vegetal para

Caminhos para a paz interior

ajudá-las a se enraizarem no solo mais facilmente. Eu gostaria de saber se na prática de meditação pode ser encontrada alguma coisa equivalente que possa fazer as pessoas desenraizadas se enraizarem novamente na sociedade.

Meditar é equipar-se para se reintegrar à sociedade com eficácia, de tal forma que a *folha possa nutrir a árvore.*

***

Em alguns centros de meditação está ocorrendo uma coisa: um certo número de jovens que não estavam se dando bem na sociedade deixaram-na para entrar num desses centros. Eles ignoravam a realidade de que não entravam no centro como indivíduos. Juntando-se a outros do centro de meditação, eles formam um outro tipo de sociedade. Sendo uma sociedade, esta tem problemas como qualquer outra sociedade. Antes de entrarem para o centro de meditação, eles tinham a esperança de encontrar a paz na meditação. Agora, praticando e formando outra espécie de sociedade, eles descobrem que esta é ainda mais difícil do que a outra maior que deixaram. Esta é composta de pessoas alienadas. E depois de alguns anos sentem-se frustrados, pior do que antes de virem ao centro. Isso se deve à falsa ideia que temos da meditação, ao equívoco que fazemos quanto aos propósitos da meditação. Meditação é para todos e não apenas para aquele que medita.

O coração da prática

É muito natural trazer crianças para um centro de meditação. Na Aldeia das Ameixeiras[11] as crianças praticam junto aos adultos. Em certos períodos abrimos as portas para que hóspedes venham praticar conosco trazendo suas crianças. Nós cuidamos especialmente das crianças. Quando elas estão felizes os adultos também estão. Um dia ouvi uma criança dizendo à outra: – Como é, seus pais ficam mais amáveis aqui? Tenho um amigo que pratica meditação há 14 anos e nunca mostrou a sua filha como meditar. Você não pode meditar sozinho, precisa meditar com seus filhos. Se os seus filhos não estão felizes, se não sorriem, você também não. Ao dar um passo com tranquilidade, isso está sendo bom para você e também para seus filhos e para o mundo.

***

Nossa sociedade é um lugar muito difícil para se viver. Se não tomarmos cautela, podemos nos desenraizar totalmente dela, e, uma vez desenraizados, não podemos mudá-la para torná-la mais aceitável.

Meditação é um meio para nos ajudar a manter raízes na sociedade. Isso é importante. Muitas pessoas se alienaram completamente da sociedade e não podem mais se reintegrar. Isso pode acontecer conosco também se não tomarmos cuidado.

---

11. Aldeia das Ameixeiras: nome da comunidade fundada por Thich Nhat Hanh no sul da França, onde vive ainda hoje [N.T.].

Caminhos para a paz interior

Muitos seguidores do budismo na América do Norte são jovens intelectuais que chegaram aí não pela fé, mas pela psicologia. Eu sei que as pessoas do Ocidente sofrem muito psicologicamente e que é por essa razão que muitos se tornaram budistas. Praticam meditação para resolver seus problemas psicológicos. Muitos ainda estão na sociedade, mas muitos também se desenraizaram completamente.

Já tendo um longuíssimo tempo de vida dentro dessa sociedade, muitas vezes, também, fico inclinado a desistir dela. Há muita coisa existente nela que me leva do desejo de me retirar, de me fechar dentro de mim mesmo. Mas minha prática ajuda-me a permanecer na sociedade porque estou consciente de que se a deixar não poderei ajudar a modificá-la. Espero que todos os praticantes budistas mantenham os pés na terra, não abandonando a sociedade. Essa é a nossa esperança de paz!

***

Cerca de 30 anos atrás – quando eu tinha 27 ou 28 anos – escrevi um poema sobre um irmão que sofreu muito e que precisou abandonar a sociedade, indo para um centro de meditação. Sendo um templo budista lugar de compaixão, ele foi bem acolhido. Quando alguém está sofrendo muito e vai a um centro de meditação, a primeira coisa que recebe é conforto. As pessoas do centro tinham compaixão bastante para deixar esse irmão entrar e ter um

O coração da prática

lugar para chorar. Por quanto tempo, quantos dias, quantos anos ele precisou chorar? Não sabemos! Por fim ele se refugiou no centro de meditação e não queria mais voltar à sociedade; já estava saturado dela. Ele pensava ter encontrado, finalmente, a paz; mas um dia eu mesmo cheguei e queimei seu centro de meditação, que era apenas uma pequena choupana, seu último abrigo. No seu modo de pensar, nada tinha, a não ser aquela pequena cabana. Não tinha para onde ir porque a sociedade não lhe pertencia. Pensava ter vindo buscar a emancipação, mas à luz do budismo não existe propriamente o *eu individual*. Sabemos que ao ir para um centro budista carregamos conosco todas as cicatrizes, todas as feridas da sociedade; assim como toda a sociedade. Neste poema eu sou o jovem irmão eu sou também a pessoa que veio e queimou sua choupana.

> Devo dizer que quero tudo.
> Se você indagar o quanto quero,
> direi que quero tudo.
> Você, eu e todos os demais estamos fluindo nesta manhã,
> na maravilhosa corrente da unidade.
> Pequenos pedaços de imaginação,
> percorremos um longo caminho para encontrar a nós mesmos, no escuro,
> na ilusão da emancipação.
> Nesta manhã meu irmão está de volta de sua longa aventura.

Caminhos para a paz interior

Ele se ajoelha diante do altar e seus olhos estão rasos
d'água.
Sua alma está procurando uma praia onde possa
lançar uma âncora,
minha própria imagem de tempos atrás.
Deixe-o ajoelhar-se aí e chorar,
deixe-o expelir o choro de seu coração.
Deixe-o ter seu refúgio por milhares de anos.
O bastante para enxugar todas as suas lágrimas.
Porque numa destas noites virei.
Virei para botar fogo nessa pequena choupana na
colina.
Seu último abrigo.
Meu fogo destruirá,
a tudo destruirá.
Tirando dele o único bote que possui após o
naufrágio do navio.
Na extrema angústia de sua alma,
a concha arrebentará.
As labaredas da choupana em fogo irão testemunhar,
gloriosamente, sua libertação.
Eu esperarei por ele ao lado da cabana em chamas;
lágrimas rolarão por sua face.
Estarei ali contemplando sua nova existência.
E segurando suas mãos nas minhas,
perguntarei quanto ele deseja.
Ele sorrirá para mim e dirá que quer tudo.
Assim como eu fiz.

O coração da prática

Para mim, um centro de meditação é onde você retorna para você mesmo, onde obtém um entendimento claro da realidade, onde ganha mais força, compreensão e amor; onde você se prepara para reentrar na sociedade. Se não é assim, não é um centro de meditação. Desenvolvendo um real entendimento, podemos reentrar na sociedade e fazer uma real contribuição.

***

Temos muitos compartimentos em nossa vida. Quando praticamos meditação sentada e quando não a praticamos, temos dois períodos de tempo que são muito diferentes entre si. Quando sentamos praticamos intensamente; quando não sentamos não praticamos intensamente. Há uma parede que separa ambos: prática e não prática. Prática é só para os períodos de praticar, e não prática só para os períodos de não praticar.

Como podemos misturar, juntar os dois? Como podemos trazer a meditação para fora da sala de meditação, para dentro da cozinha ou do escritório? Como pode o sentar influenciar o tempo de não sentar? Se um médico lhe aplica uma injeção, não é só o seu braço que será beneficiado, mas todo o seu corpo. Se você pratica uma hora de meditação por dia, essa hora será para as 24 horas inteiras, e não só para aquela. Um sorriso, uma respiração deverão beneficiar o dia inteiro e não só aquele momento. Precisamos praticar de uma forma que remova a barreira entre prática e não prática.

Caminhos para a paz interior

Quando andamos na sala de meditação, pisamos devagar, com cuidado. Mas quando vamos ao aeroporto, somos outra pessoa. Caminhamos de outro modo, com a mente menos desperta. Como podemos praticar no aeroporto e no mercado? Isso é budismo engajado. Budismo engajado não quer dizer apenas usar budismo para resolver problemas sociais e políticos, protestar contra as bombas, contra as injustiças sociais. Antes de tudo temos que trazer o budismo para a nossa vida diária. Tenho uma amiga que pratica respiração durante as chamadas telefônicas, e isso a ajuda muito. Outro amigo pratica meditação andando entre as reuniões de negócio, caminhando com plena atenção, entre os edifícios do centro de Denver. Os transeuntes sorriem para ele, e suas reuniões, mesmo com a presença de pessoas difíceis, acabam sempre sendo agradáveis e bem-sucedidas.

Devíamos ser capazes de trazer a prática da sala de meditação para o nosso dia a dia. Como praticar para penetrarmos nossos sentimentos, nossas percepções no dia a dia? Não lidamos com nossos sentimentos e percepções somente quando sentamos para meditar. Temos que lidar com eles o tempo todo. Vamos discutir entre nós como fazer isso. Você pratica respiração durante as chamadas telefônicas? Você pratica sorriso enquanto corta cenouras? Você pratica relaxamento depois de horas de trabalho intenso? Essas questões são muito práticas. Se você sabe como aplicar budismo na hora do jantar, na hora do lazer, na hora do dormir,

O coração da prática

acho que ele se encaixará muito bem à sua vida diária. E então terá tremendo efeito nas questões sociais. Buda, dharma e sangha tornam-se matéria de todo dia, de cada minuto, de cada hora de sua vida diária, e não apenas a descrição de algo distante.

Nossa mente é como um rio, no qual pensamentos e sentimentos estão sempre fluindo. De tempo em tempo é conveniente recitar uma gatha[12], um verso curto, para nos lembrar do que está acontecendo. Quando nos fixamos numa gatha, ela é nosso pensamento naquele momento. A gatha preenche nossa mente meio segundo, 10 segundos ou um minuto, e então podemos nos valer de outra gatha um pouco mais adiante do rio. Tomando uma refeição em silêncio eu recito uma gatha para mim mesmo, e em seguida como alguma coisa. Quando o prato se esvazia, recito outra gatha e tomo uma xícara de chá. Suponhamos que numa prática intensiva há 1 hora de meditação sentada, 5 horas sem sentar seguidas por mais 3 horas de meditação sentada. Qual a relação entre o tempo de prática e de não prática, da mente que pratica e da mente que não pratica? Sentar é como uma gatha, uma longa e silenciosa gatha. Minha questão concerne ao efeito que a gatha tem sobre a mente em estado de não gatha.

Um motorista, de tempo em tempo, necessita de sinais para lhe indicar o caminho. O sinal e a estrada são um só, pois você não

---

12. Gatha: poesia de 3 ou 4 linhas contendo ensinamentos budistas [N.T.].

Caminhos para a paz interior

vê o sinal apenas quando ele aparece, mas o vê ao longo do caminho, até o sinal seguinte. Não há diferença entre os sinais e a estrada. É isso que devemos saber quando praticamos gathas e sentar. As gathas servem para nos trazer de volta a nós mesmos, e uma vez terminada a gatha, continuamos nosso percurso. Se não percebermos a unidade das gathas e o restante de nossa vida – entre os sinais e a estrada – estaremos tendo o que os franceses chamam de *cloisons étanches*. Quer dizer, absoluta compartimentalização, sem nenhuma comunicação entre os compartimentos, impermeabilidade. Entre o estado de gatha e de não gatha há uma absoluta distinção, como a de sentar e não sentar.

Como pode a gatha afetar os momentos de não gatha? Como permear o não sentar com os períodos de sentar? Temos que praticar de tal forma que uma gatha, um minuto de sentar influenciem todo o resto do dia; que um passo de meditação andando afete o resto de seu dia. Toda a ação, todo pensamento produz um efeito. Mesmo que eu apenas bata palmas, o efeito se dará em todos os lugares, mesmo nas distantes galáxias. Todo sentar, todo andar, todo sorrir terão efeito sobre sua vida diária e sobre a vida dos outros também. E é nisso que a prática deve ser baseada.

***

Quando praticamos sentar e andar, precisamos estar atentos à sua qualidade e não à sua quantidade. Temos que praticar com in-

O coração da prática

teligência. Temos que criar o tipo de prática que se ajuste às nossas circunstâncias.

Eu gostaria de contar a vocês a estória de uma mulher que praticava a invocação do nome de Buda Amitabha[13]. Ela era muito dura e praticava a meditação três vezes ao dia, usando um tambor de madeira enquanto recitava Namo Amitabha Buda por uma hora seguida. Quando ela chegava à milésima recitação convidava o sino a soar – no Vietnã não dizemos bater ou tocar sino. Embora ela viesse fazendo isso ao longo de 10 anos, sua personalidade não mudou. Continuava bastante mesquinha e gritando com as pessoas o tempo todo.

Um amigo quis dar-lhe uma lição. Quando ela acabou de acender o incenso, convidou o sino a soar três vezes e se preparava para recitar Namo Amitabha Buda, ele se achegou até sua porta e chamou: – Senhora Nguyen, Senhora Nguyen! Sendo essa sua hora de praticar, ficou bastante indignada, mas ele continuou do outro lado da porta chamando pelo seu nome. Ela pensou consigo mesma: Tenho que lutar contra minha raiva; vou, portanto, ignorá-la. E continuou: – Namo Amitabha Buda, Namo Amitabha Buda.

O cavalheiro insistia em gritar o seu nome e a raiva dela começou a ficar mais e mais opressiva. Ela lutava contra isso ao mesmo

---

13. Amitabha: Buda da infinita luz e/ou vida [N.T.].

Caminhos para a paz interior

tempo em que pensava: Devo parar de recitar e conceder-lhe parte da minha mente? Mas continuou recitando, lutando muito consigo mesma. Seu sangue começou a ferver, mas ainda assim continuava: – Namo Amitabha Buda. O cavalheiro sabia disso e continuou chamando: – Senhora Nguyen, Senhora Nguyen!

Ela não aguentou mais. Atirou pra longe o tambor e o sino. Abriu a porta com força e disse: – Por que está fazendo isso? Por que está chamando meu nome centenas de vezes, assim?

O cavalheiro sorriu e disse-lhe: – Eu chamei seu nome apenas por 10 minutos e a Senhora ficou tão furiosa. A Senhora tem chamado o nome de Buda durante 10 anos. Pense como ele deve estar furioso agora!

O problema não é fazer muito, mas fazer corretamente. Se você faz a coisa corretamente, torna-se melhor, mais bondoso, mais compreensivo e amável. Ao praticar sentar e andar devemos prestar atenção na qualidade e não na quantidade. Se praticamos apenas pela quantidade, não estaremos sendo diferentes da Senhora Nguyen. Acho que ela aprendeu uma lição. E acho que depois disso ela melhorou.

5

Trabalhando pela paz

Na aldeia das ameixeiras, na França, recebemos centenas de cartas a cada semana, vindas dos campos de refugiados em Cingapura, Malásia, Tailândia, Indonésia e Filipinas. É doloroso ler essas cartas, mas temos que fazê-lo, para nos pôr em contato. Fazemos o que podemos para ajudar, mas o sofrimento é tão grande que, às vezes, ficamos desencorajados. Sabe-se que metade do povo-de-barco morre no oceano, e só metade chega às margens do sudeste da Ásia.

No meio do povo-de-barco há muitas garotas que são violentadas pelos piratas do mar. Mesmo com as Nações Unidas e outros países tentando ajudar o governo da Tailândia para impedir esse tipo de pirataria, os piratas continuam causando muito sofrimento aos refugiados. Um dia recebemos uma carta nos contando sobre uma garota que havia sido estuprada por um pi-

Caminhos para a paz interior

rata da Tailândia. Ela tinha apenas 12 anos e atirou-se no oceano, afogando-se.

Ao saber de uma coisa dessas você logo fica com raiva do pirata. Você, naturalmente, fica do lado da garota. À medida que olha mais profundamente, você passa a ver diferente. Tomar o partido da garota é fácil. Você apenas pega uma arma e atira no pirata. Mas não podemos fazer isso! Em minha meditação vi que se tivesse nascido na aldeia do pirata e fosse criado nas mesmas condições que ele, eu agora seria um pirata. Haveria uma grande margem de probabilidade de ter-me tornado um pirata. Não posso me condenar tão facilmente. Em minha meditação vi que centenas de bebês nascem a cada dia ao longo do golfo do Sião, e se nós educadores, servidores sociais, políticos e outros não fizermos nada pela situação, dentro de 25 anos um bom número deles se tornará pirata. Isso é certo. Se você ou eu tivéssemos nascido hoje nessas aldeias de pescadores, poderíamos nos tornar piratas daqui a 25 anos. Se você pega uma arma e atira no pirata estará atirando em todos nós, porque todos somos, em certo sentido, responsáveis por esse estado de coisas.

Após uma longa meditação eu escrevi este poema. Nele há três pessoas: a garota de 12 anos, o pirata e eu. Podemos olhar e nos reconhecer em cada um deles. O título do poema é *Por favor, me chame pelos meus verdadeiros nomes*, porque tenho tantos nomes. Quando ouço um desses nomes tenho que responder *sim*.

Trabalhando pela paz

Não diga que amanhã partirei
porque ainda estou sempre chegando.

Olhe profundamente; eu chego a cada segundo
para ser o botão no ramo de primavera,
para ser o pequeno pássaro, de frágeis asas,
aprendendo a cantar em seu novo ninho,
para ser a lagarta no coração da flor,
para ser a joia escondendo-se numa pedra.

Eu sempre chego para rir e chorar,
para ter medo e esperança,
o ritmo de meu coração é o nascimento e
morte de tudo o que está vivo.

Eu sou a mosca d'água metamorfoseando-se
na superfície do rio,
e sou o pássaro, que, chegada a primavera,
surge em tempo para engolir a mosca d'água.

Eu sou o sapo nadando alegremente na
água clara do poço,
e sou também a cobra cascavel que,
aproximando-se em silêncio,
engole o sapo.

Eu sou a criança de Uganda, toda pele e osso,
minhas pernas finas como palitos de bambu,
e sou o negociante, vendendo armas mortíferas,
instrumentos de fogo a Uganda.

Caminhos para a paz interior

Eu sou a menina de 12 anos, refugiada
no pequeno barco,
que se atira no oceano depois
de ser violentada pelo pirata do mar,
e eu sou o pirata, meu coração ainda incapaz
de enxergar e amar.

Eu sou um membro do politburo com
muitos poderes nas mãos,
e sou o homem que tem de pagar sua
"dívida de sangue" a seu povo,
morrendo lentamente num campo de trabalho
forçado.

Minha alegria é como primavera, que tão calorosa faz
flores desabrocharem em todos os campos da vida.
Minha dor é como um rio de lágrimas, tão cheio que
inunda até à borda os quatro oceanos.

Por favor, me chame pelos meus verdadeiros nomes,
de tal forma que eu possa ouvir todos os meus
prantos
e risos de uma só vez,
de tal forma que eu veja minha alegria e minha dor
como sendo uma só.

Por favor, me chame pelos meus verdadeiros nomes,
de tal forma que eu possa acordar,

Trabalhando pela paz

e assim a porta de meu coração seja aberta,
a porta da compaixão.

***

Tem a história de um homem montando um cavalo que galopava em grande velocidade. Um outro homem, que se encontrava à beira da estrada, berrou para ele: – Onde é que você está indo? – Não Sei! Pergunte ao cavalo – gritou em resposta o cavaleiro. Eu acho que nossa situação é essa. Estamos conduzindo muitos cavalos que não conseguimos controlar. A proliferação de armamento, por exemplo, é um cavalo. Temos tentado muito, mas não temos sido capazes de controlar esses cavalos. Nossa vida é muito atribulada.

No budismo, o mais importante de todos os preceitos é viver em plena consciência, é saber o que está se passando. Saber o que se passa não só aqui, mas também acolá. Por exemplo: quando você come um pedaço de pão pode escolher conscientizar-se de que nossos fazendeiros abusam um bocado com venenos químicos na plantação do trigo. Comendo o pão somos de certa forma corresponsáveis pela destruição da ecologia. Quando comemos um pedaço de carne ou bebemos álcool, podemos nos conscientizar de que no Terceiro Mundo 40 mil crianças morrem de fome a cada dia, e também que para termos um pedaço de carne ou uma garrafa de álcool muitos grãos têm que ser usados. Comer uma ti-

Caminhos para a paz interior

gela de arroz pode ser mais conciliativo com o sofrimento do mundo do que comer um pedaço de carne. Uma alta autoridade em economia que vive na França me disse que se a população dos países ocidentais reduzisse em apenas 50% seu consumo de carne e de álcool, já seria o suficiente para mudar a situação do mundo. Apenas 50% a menos.

Todos os dias fazemos coisas que têm a ver com a paz. Se estamos conscientes de nossa forma de viver, nossa forma de consumir, de olhar as coisas, sabemos como fazer paz; exatamente no momento em que estamos vivos, no momento presente. Quando pegamos um jornal de domingo, por exemplo, podemos tomar consciência de que é uma edição bastante pesada. Talvez seja necessário o uso de uma floresta inteira para imprimir tanto papel. Ao pegarmos o jornal deveríamos nos tornar conscientes disso. Se estamos conscientes, podemos fazer algo para mudar o curso das coisas.

***

No meu templo eu fui o primeiro monge a conduzir uma bicicleta. Naquele tempo não havia gathas para recitar enquanto se andava de bicicleta. Para manter a prática em dia, temos que praticar com inteligência; assim, recentemente, escrevi uma gatha que você pode usar antes de pôr seu carro para funcionar. Espero que a ache útil.

Trabalhando pela paz

Antes de ligar o carro
eu sei para onde estou indo.
O carro e eu somos um só.
Se o carro vai veloz, eu sou veloz.

Às vezes não precisamos realmente usar o carro, mas porque queremos fugir de nós mesmos vamos até o carro e o ligamos. Se recitarmos a gatha *antes de ligar o carro eu sei para onde estou indo...* ela poderá nos servir como o *flash* de uma lanterna para nos fazer ver que, na verdade, não precisamos ir a lugar algum. Para onde formos, teremos, sempre, nós mesmos conosco; não podemos escapar de nós mesmos. Às vezes é melhor desligar o motor do carro e sair para uma meditação andando. Fazer isso pode ser mais agradável.

Foi constatado que nos últimos anos dois milhões de quilômetros quadrados de florestas foram destruídos pela chuva de ácido, e que em parte isso se deve aos nossos carros. *Antes de ligar o carro eu sei para onde estou indo*: é uma questão muito profunda. Para onde devo ir? para minha destruição? Se as árvores morrem, os seres humanos também vão morrer. Se as árvores e os animais não estiverem vivos, como poderemos estar vivos?

O carro e eu somos um só. Temos a impressão de que somos o chefe, e que o carro é apenas um instrumento. Mas isso não é verdade. Com o carro nos tornamos uma coisa diferente. Com uma arma nos tornamos muito perigosos. Com uma flauta nos

Caminhos para a paz interior

tornamos agradáveis. Com 50 mil bombas atômicas a humanidade se tornou a espécie mais perigosa sobre a terra. Nunca fomos tão perigosos como somos agora. Devíamos estar conscientes. O mais básico de todos os preceitos é estar em plena consciência do que somos, a cada minuto. Todos os outros preceitos se desenvolvem a partir desse.

***

Para podermos ver as coisas é preciso que as olhemos em profundidade. Quando um nadador está desfrutando da água clara de um rio ele deveria ser capaz de também *ser* o rio. Um dia, almoçando com alguns amigos na Universidade de Boston, avistei abaixo o Rio Charles. Eu tinha estado longe de meu lar por longo tempo e ao ver o rio achei-o muito bonito. Deixei então meus amigos e desci para molhar meu rosto e mergulhar meus pés na água, como costumávamos fazer em meu país. Quando retornei, um professor disse: – É muito perigoso fazer isso. Você enxaguou sua boca no rio? Quando lhe disse que sim ele falou: – Você deveria procurar um médico e tomar uma injeção.

Fiquei chocado. Eu não sabia que os rios estavam tão poluídos. Pode-se chamá-los de rios mortos. Em meu país os rios, às vezes, ficam muito barrentos; mas não com esse tipo de sujeira. Alguém me disse que há tantos resíduos químicos no Rio Reno na Alemanha que é possível se revelar fotografias nele. Nós pode-

Trabalhando pela paz

mos ser bons nadadores, mas podemos ser um rio e experimentar os medos e esperanças de um rio? Se não podemos não temos, tampouco, chance para a paz. Se todos os rios estão mortos, a alegria de nadar num rio não existe mais.

Se você é um escalador de montanhas ou se gosta do campo ou das florestas, sabe que estes são os nossos pulmões fora do nosso corpo. Mesmo assim temos nos comportado de uma forma que permitiu 2 milhões de quilômetros quadrados de floresta serem destruídos pela chuva de ácido. Estamos fechados em nossa pequena concha, pensando apenas nas condições de conforto desse *pequeno eu*, enquanto destruímos nosso *grande eu*. Um dia vi, de repente, que o sol é meu coração, meu coração fora de meu corpo. Se o coração do meu corpo cessa de funcionar, eu não posso sobreviver; mas se o sol, meu outro coração, para de funcionar, eu igualmente morrerei. Deveríamos ter a capacidade de ser verdadeiramente nós mesmos. Isso quer dizer: deveríamos ser capazes de ser o rio, a floresta, um cidadão soviético. Temos que fazer isso para entender e ter esperanças para o futuro. Essa é uma forma não dualista de ver.

***

Durante a Guerra do Vietnã nós jovens budistas nos organizamos para ajudar as vítimas a reconstruírem as vilas que tinham sido destruídas pelas bombas. Muitos dos nossos amigos morre-

Caminhos para a paz interior

ram durante o serviço, não somente por causa das bombas e balas, mas por causa, também, das pessoas que desconfiavam que pertencíamos ao outro lado: Nós éramos capazes de entender os sofrimentos de ambos os lados, os comunistas e os não comunistas. Tentamos nos abrir para ambos, compreender este e aquele lado e sermos um com eles. Essa é a razão por que não tomávamos parte de nenhum lado, ainda que o mundo inteiro tivesse tomado parte de um ou outro lado. Tentamos passar ao povo o que percebemos da situação; que queríamos parar a luta, mas as bombas eram estrondosas. Algumas vezes tivemos que nos queimar vivos[14] para passar uma mensagem. Mas, mesmo assim, o mundo não nos ouvia. Pensavam que estávamos dando apoio a alguma facção política. Não entenderam que era puramente uma ação humana tentando ser ouvida, compreendida. Nós queríamos a reconciliação, não queríamos a vitória. Trabalhar para ajudar o povo nessas circunstâncias era muito perigoso e muitos de nós pereceram. Os comunistas nos matavam porque suspeitavam que estivéssemos trabalhando com os americanos, e estes nos matavam porque pensavam que estivéssemos com os comunistas. Mas não queríamos desistir nem tomar partido de nenhum lado.

A situação do mundo ainda é assim. Povos completamente identificados com um lado, com uma ideologia. Para entender o so-

---

14. O autor se refere aos bonzos que se imolavam em praça pública, cujas fotos de seus corpos em chamas tanto impressionaram o mundo [N.T.].

Trabalhando pela paz

frimento e o medo de um cidadão soviético temos que nos tornar um com ele. Fazer isso é perigoso, pois ambos os lados nos julgarão suspeitos. Mas se não fizermos isso, se nos aliarmos a um ou a outro lado, perderemos a chance de trabalhar pela paz. Reconciliar é compreender ambos os lados; ir a um lado e descrever o sofrimento do outro lado, depois de ir a este e descrever o sofrimento do outro. Apenas fazer isso será de grande ajuda para a paz.

Durante um retiro no Providence Zen Center eu pedi a alguém que se expressasse como um nadador num rio, e depois de 15 minutos de respiração pedi que se expressasse como um rio. Esta pessoa teve que se tornar rio para poder se expressar na linguagem e sentimento do rio. Depois disso pedi a uma mulher que tinha estado na União Soviética para expressar-se como uma americana, e, depois de um tempo de respiração e meditação, para expressar-se como uma cidadã soviética, com todos os seus medos e esperanças de paz. Ela o fez maravilhosamente. Esses são exemplos de meditação relacionada com a não dualidade.

Os jovens servidores budistas do Vietnã tentaram fazer esse tipo de meditação. Muitos morreram durante o serviço. Escrevi um poema para meus jovens irmãos e irmãs sobre como morrer não violentamente, sem ódio. Seu título é *Recomendação*.

> Prometa-me,
> prometa-me neste dia
> enquanto o sol está a pino,

Caminhos para a paz interior

mesmo que eles o rebaixem
como uma montanha de ódio e violência,
lembre-se, irmão,
o homem não é nosso inimigo.
Assim, sua piedade
assim, seu rancor, seu ódio,
invencível, ilimitado,
frente a frente nunca o deixará
com a besta no homem.
E um dia, quando encarar essa
besta sozinho, intacta sua coragem,
bondosos seus olhos,
de dentro do seu sorriso
uma flor brotará,
e aqueles que o amam
irão contemplá-lo
por 10.000 mundos de nascimentos e morte.

Sozinho outra vez
seguirei cabisbaixo,
mas ciente da imortalidade do amor.
E na longa, áspera estrada,
sol e lua, ambos brilharão
iluminando meu caminho.

Praticar meditação é se conscientizar da existência do sofrimento. A primeira palestra do dharma que Buda fez foi sobre o sofrimento e sobre como escapar deste. Na África do Sul o povo

Trabalhando pela paz

negro sofre muitíssimo, mas o povo branco também sofre. Se tomarmos um dos lados, não podemos cumprir nossa tarefa de reconciliação a fim de trazer a paz.

Existirão na África do Sul pessoas que estejam em contato com ambas as comunidades, a de brancos e a de negros? Se não existirem a situação é má. Deve haver pessoas capazes de entrar em contato e compreender o sofrimento de ambos os lados, e falar a um lado sobre o sofrimento do outro. Haverá pessoas fazendo esse tipo de entendimento, mediação e reconciliação entre esses dois lados, que são os maiores blocos políticos da terra? Você é capaz de ser mais que um americano? Você é capaz de ser alguém que compreende em profundidade o sofrimento de ambos os lados? Você é capaz de ser mensageiro da reconciliação?

***

Você pode não estar consciente de que seu país tem produzido um bocado de armas convencionais que são vendidas aos países do Terceiro Mundo para que seus povos matem uns aos outros. Você sabe bem que os adultos e crianças desses países necessitam mais de comida do que de armas mortíferas. Ainda assim ninguém tem tempo de organizar um debate nacional para considerar o problema da fabricação e venda dessas armas. Todos estão muito ocupados. Nos últimos 30, 40 ou 50 anos as armas convencionais têm matado muita gente. Se pensamos apenas nas

Caminhos para a paz interior

bombas nucleares que podem explodir no futuro e não prestamos atenção nas bombas que estão explodindo no presente momento, estamos cometendo um erro. Eu acredito que o ex-presidente Reagan tenha dito que os Estados Unidos têm que continuar produzindo armas convencionais para venda porque, se não o fizerem, alguém o fará, e os Estados Unidos perderão seu lucro. Isso não é um bom conselho. Essa declaração é apenas uma justificativa, mas existem fatores reais que empurram a ele e toda a nação no sentido de continuar a fabricação de armas para a venda. Por exemplo: muitas pessoas perderão seus empregos se pararem de produzir. Pensamos sobre o tipo de trabalho que poderia ajudar essas pessoas, se a indústria de armamentos parasse?

Muitos americanos não estão cientes de que essas armas estão matando pessoas todos os dias no Terceiro Mundo. O Congresso não tem debatido essa questão seriamente. Não reservamos tempo para olhar essa situação claramente; assim, não temos sido capazes de mudar a política do nosso governo. Não somos suficientemente fortes para pressioná-lo. A política externa de um governo é ditada por seu povo e por seu sistema de vida. Como cidadãos temos uma grande responsabilidade. Pensamos que o governo é livre para fazer política; porém essa liberdade depende de nossa vida diária. Se criarmos possibilidade para ele mudar de política, certamente o fará. Até agora isso não foi possível. Talvez você pense que penetrando no governo e obtendo poder poderá

Trabalhando pela paz

fazer o que quiser; mas não é assim. Se você se tornar presidente, se defrontará com esse duro fato. Provavelmente fará o mesmo, um pouco melhor ou um pouco pior.

Por isso temos que ver a verdade, a real situação. Nossa vida diária, a forma como bebemos, aquilo que comemos tem a ver com a situação política do mundo. Meditar é ver as coisas em profundidade e ver, também, como podemos mudar, transformar a situação. Transformar nossa situação é transformar também nossa mente. Transformar nossa mente é transformar também nossa situação; porque situação é mente, e mente é situação. Estar desperto é muito importante. A natureza das bombas, das injustiças, dos armamentos e a natureza do nosso ser são a mesma. Esse é o real sentido do budismo engajado.

***

Um sistema de sete práticas de reconciliação foi desenvolvido durante os últimos 2.500 anos nos mosteiros budistas. Embora essas técnicas tenham sido formuladas para resolver disputas dentro do círculo de monges, penso que podem, também, ser usadas em nosso lar, em nossa sociedade.

A primeira prática é *sentar face a face*. Numa convocação da sangha todos sentam juntos com plena consciência, respirando e sorrindo, com a disposição de ajudar e não de lutar. Isso é básico. Os dois monges em conflito estão presentes e sabem que todos da

Caminhos para a paz interior

comunidade esperam que façam as pazes. Mesmo antes de qualquer coisa ser dita a atmosfera de paz se faz sentir. Fora da reunião as pessoas se abstêm de ouvir ou espalhar comentários a respeito do comportamento desses e de outros monges. Isso não ajudaria em nada. Tudo deve ser dito em público, diante da comunidade. Assim, os dois monges estão sentados, um diante do outro, respirando e – que dificuldade! – sorrindo.

A segunda prática é a *rememoração*. Ambos os monges tentam rememorar toda a ocorrência do conflito, todos os detalhes relacionados com o mesmo, enquanto a assembleia permanece sentada, apenas ouvindo. "Lembro que naquele dia estava chovendo, fui até a cozinha e você estava lá"... Eles contam tudo o que conseguem lembrar. Isso é bastante importante porque os monges estão tentando juntar os fatos passados. O princípio da vida da sangha é estar consciente do que está se passando todos os dias. Se você não está consciente do que está acontecendo, as coisas um dia explodirão, e será muito tarde. Se a comunidade está sentada reunida e os dois monges em confronto, um diante do outro, o conflito já explodiu às abertas. Sentar e recompor detalhes ocorridos no passado é a única coisa a ser feita agora, tanto quanto o passado possa estar envolvido.

Suponhamos que um homem e uma mulher tenham se casado e passam a viver negligentemente, sem saber o que realmente está acontecendo subconscientemente. Seus sentimentos e percepções

Trabalhando pela paz

estão criando uma situação perigosa. As coisas ocorrendo sob a superfície podem eventualmente explodir, e então será tarde para lidar com elas; o único recurso será divorciar, brigar ou matar um ao outro. Meditar é tomar consciência do que está ocorrendo em você mesmo, nos seus sentimentos; em seu corpo, em sua percepção, em sua família. Isso é muito importante para qualquer tipo de vida. A segunda técnica é rememorar, e quanto mais detalhes a comunidade tem, mais fácil se torna a ajuda.

A terceira prática é a *não teimosia*. Todos na comunidade esperam que os dois monges não sejam teimosos e tentem fazer o melhor que podem para a reconciliação. O resultado não é importante. O fato mais importante é cada monge demonstrar que está disposto a fazer o melhor que pode para reconciliar-se. Quando você faz o melhor, tentando realmente compreender e aceitar, não há por que preocupar-se com o resultado. Faça o melhor que puder; isso será o bastante. A outra pessoa fará o melhor que puder. A atmosfera da reunião é decisiva. Como todos têm altas expectativas com relação aos dois monges, estes sabem que devem agir corretamente; do contrário não serão reconhecidos como irmãos.

A quarta prática é *cobrir a lama com palha*. Quando caminha no campo, você já sabe que depois da chuva o chão fica enlameado. Se você tem palha para espalhar sobre a lama pode caminhar com segurança. Algum respeitável monge mais antigo é indicado para representar cada lado do conflito. Esses dois representantes

Caminhos para a paz interior

dirigem-se à assembleia, tentando dizer algo que diminua os sentimentos dos conflitantes. Na sangha budista esses monges superiores são respeitados. Nós os chamamos de mestres ancestrais. Eles não precisam falar muito; tudo o que dizem é tomado com seriedade pelo resto da comunidade. Um deles diz algo a respeito de um dos dois monges em conflito, o que faz o outro entender melhor e diminuir seus sentimentos, sua raiva, sua resistência. Então o outro superior diz algo para defender o outro monge, a fim de fazê-lo sentir-se melhor. Com isso dissipam-se os duros sentimentos guardados no coração dos dois monges e os ajudam a aceitar o veredicto proposto pela comunidade, pondo palha sobre a lama – a lama é a disputa e a palha é a bondade amorosa do dharma.

A etapa seguinte é a *confissão vol*untária. Cada monge revela suas falhas antes que os outros o façam. Você sente-se de forma diferente se os outros o fizerem. É maravilhoso quando você mesmo revela suas falhas. Primeiro você revela um pequeno defeito. Poderá ter um defeito enorme, mas fala apenas de uma transgressão menor – existe uma arte nisso tudo. Ao fazer uma confissão você pode pensar consigo mesmo: Oh! eu não estava com a mente alerta; eu disse tal e tal coisa; isso é horrível; sinto muito tê-lo feito. Mesmo uma pequena confissão ajuda a outra pessoa a sentir-se melhor; encoraja-a a confessar algo da mesma dimensão – imagine a ex-União Soviética e os Estados Unidos tentando desfazer as pequenas querelas.

Trabalhando pela paz

Essa atmosfera é encorajadora. Todos dão apoio, na expectativa de que o entendimento seja realizado. A natureza búdica que existe em cada monge tem a oportunidade de se manifestar, e a pressão da raiva e do ressentimento de cada um deles se tornará mais leve. Esse tipo de atmosfera gera a capacidade de mútuo entendimento e aceitação. Então os monges superiores lembram aos conflitantes: – Antes de tudo vocês são parte da comunidade. O bem-estar da comunidade é muito importante. Não considerem apenas seus próprios sentimentos. Pensem no bem-estar de toda a comunidade.

Assim, cada monge estará pronto a fazer um sacrifício e a aceitar o veredicto e decisão feitos pela comunidade.

A sexta e sétima práticas são *decisão por consenso* e *aceitação do veredicto*. De antemão os monges se comprometem a aceitar qualquer que seja o veredicto pronunciado pela assembleia. Do contrário terão que deixar a comunidade. Assim, depois de examinar todos os detalhes do conflito, depois de fazer o máximo possível pela reconciliação, o comitê apresenta o veredicto que é anunciado 3 vezes. O líder da comunidade lê a decisão da seguinte forma: – Depois de examinar, meditar, discutir; de ter feito todos os esforços, sugere-se que este monge faça... e aquele outro... Esta assembleia de monges aceita este veredicto?

Se a comunidade permanecer em silêncio, significa que *sim*. Depois de três vezes em que a comunidade permanece em silên-

87

Caminhos para a paz interior

cio ele declara: – Esta nobre assembleia de monges e monjas aceitou este veredicto. Por gentileza, queiram ambas as partes seguir essa decisão.

Esse é o fim da sessão. Poderá haver várias sessões para resolver um caso. Se um dos monges se revela contra o veredicto, sua voz não tem peso, porque de antemão ele concordou em obedecer qualquer veredicto feito pela assembleia.

Estes sete métodos de resolver disputas têm sido adotados por monges e monjas budistas na Índia, China, Vietnã, Japão, Coreia e muitos outros países por mais de 2.500 anos. Eu acho que podemos aprender algo deles e aplicá-lo em nossa casa, em nossa sociedade.

***

Existe dentro do *Movimento pela paz* muita raiva, frustração e desentendimento. Esse movimento é capaz de escrever muito bem cartas de protesto, mas não é capaz de escrever uma carta com amor. Temos que aprender a escrever cartas ao Congresso e ao presidente dos Estados Unidos de tal forma que incite sua vontade a lê-las e não a jogá-las fora. A forma de falar, o tipo de compreensão e de linguagem usados nas cartas não deveriam fazer que as pessoas, ao lê-las, se desliguassem. O presidente é uma pessoa como nós.

Trabalhando pela paz

O Movimento pela paz é capaz de se expressar em termos amorosos, mostrando o caminho para a paz? Eu acho que isso depende das pessoas que integram o movimento; elas mesmas deveriam ser paz. Porque sem paz não podemos fazer nada pela paz. Se não somos capazes de sorrir, não podemos ajudar os outros a sorrirem; se não estamos em paz não podemos contribuir para o Movimento pela paz.

Espero que possamos dar uma nova dimensão ao Movimento pela paz. Esse movimento está cheio de raiva e rancor, e assim não pode cumprir o que dele esperamos. É necessário uma nova maneira de ser paz e de fazer paz. Por esta razão, praticar meditação é muito importante; para adquirirmos, assim, maior capacidade de ver, enxergar e compreender. Seria ótimo introduzir no Movimento pela paz a nossa contribuição, nossa forma de ver as coisas; isso diminuiria o ódio e a agressão. Trabalhar pela paz significa, antes de tudo, ser paz. Meditação é meditação para todos. Contamos um com o outro. Nossas crianças contam conosco para terem um bom futuro.

6

"Inter-sendo"

Eu acredito que o encontro entre o budismo e o Ocidente vai dar origem a algo muito importante. O Ocidente possui vários valores como a ciência, o espírito de investigação livre, a democracia. Se esses valores se encontrarem com o budismo, a humanidade ganhará algo muitíssimo novo e estimulante.

Vamos considerar alguns exemplos?

A impressão foi inventada na China e a tipografia móvel de metal na Coreia, mas quando o Ocidente começou a usar a impressão, transformou-a num meio muito importante de comunicação.

A pólvora foi descoberta pelos chineses, mas quando começou a ser manufaturada pelos ocidentais, transformou a face da terra.

O chá foi descoberto na Ásia; quando trazido para o Ocidente, foi transformado em saquinhos.

Caminhos para a paz interior

O princípio budista de agir e ver as coisas de forma não dualista, se combinado com a maneira ocidental de fazer as coisas, poderá mudar totalmente nosso sistema de vida. O que os budistas norte-americanos estão fazendo é importante para todos nós: trazer o budismo para a civilização ocidental.

O budismo não é um só. Os ensinamentos do budismo são muitos. Ao entrar num país ele toma uma nova forma. Quando eu visitei pela primeira vez uma comunidade budista nos Estados Unidos, perguntei a meu acompanhante: – Por favor, mostre-me seu Buda, o Buda americano. A pergunta surpreendeu meu amigo porque ele pensava que Buda fosse universal. Na China existe o Buda Chinês, no Tibete o Buda Tibetano e, também, os ensinamentos diferem. A forma de ensinamento budista neste último país é diferente da dos outros países. Budismo para ser budismo tem que se apropriar da psicologia e cultura da sociedade em que serve.

Minha pergunta era muito simples: – Onde está seu bodhisattva? Mostre-me um bodhisattva americano. Meu amigo não soube fazê-lo.

– Mostre-me um monge americano, uma monja americana ou um centro budista americano.

Essas coisas todas *ainda não são manifestas*. Acredito que podemos aprender de outras tradições budistas, mas devemos cri-

"Inter-sendo"

ar nosso próprio budismo. Eu acho que praticando profundamente vocês terão, bem cedo, seu próprio budismo.

***

Eu gostaria de apresentar a vocês uma forma de budismo que pode ser facilmente aceita aqui no Ocidente. Temos experimentado essa forma de budismo ao longo dos últimos 20 anos e ela cabe muito bem na sociedade moderna.

A Ordem Tiep Hien foi fundada no Vietnã durante a guerra. Deriva a Escola Zen de Lin Chi e está em sua 42ª geração. É uma forma de budismo engajado, budismo aplicado na vida diária, na sociedade, e não somente em centros de retiro. *Tiep Hien* são palavras vietnamitas de origem chinesa. Eu gostaria de explicar o seu significado porque se tornará mais fácil compreender o espírito dessa ordem.

Tiep quer dizer *estar em contato*. A noção de budismo engajado já aparece na palavra Tiep. Antes de tudo temos que estar em contato conosco mesmos. No mundo moderno a maioria de nós não quer ficar em contato consigo mesmo. Preferimos nos pôr em contato com outras coisas, como a religião, o esporte, a política ou um livro – queremos esquecer a nós mesmos. Sempre que temos um tempo de lazer convidamos, logo, alguma coisa para entrar em nós, como a televisão, por exemplo; abrindo-nos para que ela venha até nós e nos colonize. Assim, antes de tudo, *em contato*

Caminhos para a paz interior

significa em contato consigo mesmo, a fim de encontrar a fonte da sabedoria, do entendimento, da compaixão em cada um de nós. Estar em contato consigo mesmo é o sentido da meditação; estar consciente do que está acontecendo no seu corpo, nos seus pensamentos, na sua mente. Esse é o primeiro significado de Tiep.

Significa também estar em contato com os Budas e bodhisattvas, pessoas cujo pleno entendimento e compaixão são tangíveis, efetivos. Estar em contato consigo mesmo quer dizer estar conectado com a fonte da sabedoria e compaixão. As crianças compreendem que Buda está nelas próprias. No primeiro dia de um retiro que houve em Ojai, na Califórnia, um menino afirmou ser Buda. Eu lhe disse que isso era verdade em parte, pois às vezes ele era e às vezes não, dependendo do grau em que sua mente estivesse desperta.

A segunda parte do significado de Tiep é dar continuidade, fazer algo perdurar. Significa que o caminho para o entendimento e a compaixão, aberto por Buda e bodhisattvas, deve ser continuado. Isso só é possível quando entramos em contato com nosso verdadeiro eu; e isso equivale a perfurar o solo até atingir a fonte de água fresca escondida sob a terra para que o poço se inunde dela. Quando entramos em contato com nosso verdadeiro ser, a fonte de sabedoria, entendimento e compaixão jorram como água. Esta é a base de todas as coisas. Estar conectado com nosso verdadeiro ser é necessário para dar continuidade ao caminho iniciado por Buda e bodhisattvas.

"Inter-sendo"

Hien significa *momento presente*. Temos que estar no aqui e agora, porque só o presente é real, só no momento presente é que podemos estar vivos. No budismo não praticamos em nome do futuro ou para renascer no paraíso, mas sim para ser paz, compaixão e alegria no momento presente. *Hien* quer também dizer *tornar real, manifestar, realizar*. O amor e o entendimento não são apenas conceitos e palavras; são realidades manifestadas em si próprio e na sociedade. É isso que *Hien* significa.

É difícil encontrar no inglês ou no francês palavras que transmitam o significado de *Tiep Hien*. Mas existe um termo no suttra *Avatamsaka* que transmite bem o espírito dessa palavra. É o termo *inter-ser*, isto é, ser *mutuamente*. *Inter-ser* é uma palavra nova, e espero que seja incorporada às palavras dos dicionários. Nós já falamos anteriormente acerca do todo contido no um e do um contido no todo. Numa folha de papel podemos ver o todo: a nuvem, a floresta, o lenhador. Eu sou; portanto, você é. Você é; portanto, eu sou. Esse é o significado da palavra *inter-ser*. Nós não somos, nós inter-somos.

Na Ordem de Inter-ser há duas comunidades. Seu centro consiste de homens e mulheres que fizeram votos de observar os 14 preceitos da Ordem. Antes de serem ordenados como irmãos ou irmãs da ordem de Inter-ser, as pessoas têm que ter praticado pelo menos por um ano. Depois de ordenada, a pessoa tem que organizar uma comunidade ao seu redor a fim de dar continuidade à prática. Essa é chamada de *extensão comunitária*. Isso significa que nela todos praticam da mesma forma, mas não fizeram voto, não foram ordenados pelo *centro da Ordem*.

As pessoas ordenadas no centro da Ordem não portam nenhum sinal especial. Elas não raspam a cabeça, não usam nenhuma roupa específica. O que as faz diferentes é a observância de um certo número de regras; e uma delas é fazer uma vez por ano um retiro de, pelo menos, 60 dias; seja consecutivamente ou dividido em diversos períodos, para praticar a plena atenção. Se praticam todos os domingos, por exemplo, elas contarão 52 dias. As pessoas da extensão comunitária poderão fazer isso, ou mais, mesmo que não desejem ser ordenadas. No centro da comunidade as pessoas podem escolher entre ser celibatárias ou construir uma família.

A cada duas semanas, pelo menos, os membros e amigos se reúnem para recitar os 14 preceitos. Começa com os 3 refúgios e as 2 promessas para crianças. Essas duas promessas englobam todos os preceitos dos adultos. A primeira promessa é: *Eu me comprometo a desenvolver minha compaixão, a fim de amar e proteger a vida das pessoas, animais e plantas.* A Segunda é: *Eu me comprometo a desenvolver a compreensão, a fim de ser capaz de amar e viver em harmonia com as pessoas, animais e plantas.* Assim, as duas promessas são de compaixão ou amor e entendimento. Elas são a essência do ensinamento de Buda. De-

"Inter-sendo"

pois de terem recitado os 3 refúgios e essas 2 promessas, as crianças podem sair para fora e brincar. Os adultos, então, recitam seus 14 preceitos.

Os preceitos geralmente começam com advertências relativas ao corpo, como *não mate*. Os preceitos da *Tiep Hien* aparecem, de certa forma, em ordem inversa – os que dizem respeito à mente vêm antes. No budismo a mente é a raiz de tudo. Os preceitos da *Ordem de Inter-ser* são os seguintes:

PRIMEIRO – *Não idolatre nem se apegue a nenhuma doutrina, teoria ou ideologia, nem mesmo às budistas. Os sistemas de pensamento devem servir como um meio para guiá-lo e não como verdade absoluta.*

Este preceito é o rugido do leão. Seu espírito é característico do budismo. Nós sempre dizemos que os ensinamentos de Buda são apenas uma embarcação para ajudá-lo a cruzar o rio ou um dedo apontando para a lua. Não confunda o dedo com a lua. A embarcação não é a margem. Se nos apegarmos à embarcação, se nos apegarmos ao dedo estaremos perdendo tudo. Não podemos, em nome do dedo ou da embarcação, matar uns aos outros. A vida humana é mais preciosa do que qualquer ideologia ou doutrina.

A *Ordem de Inter-ser* nasceu no Vietnã durante a guerra, que era um conflito entre duas ideologias do mundo. Em nome de ideologias e doutrinas pessoas matam e são mortas. Se você tem uma arma poderá atirar em uma, duas, três ou cinco pessoas; mas

Caminhos para a paz interior

se você tem uma ideologia e se fixa a ela, pensando que é verdade absoluta, poderá matar milhões. Este preceito inclui o preceito de não matar em seu mais profundo sentido. A humanidade sofre muito por apego a pontos de vista: – Se você não seguir este ensinamento eu corto sua cabeça fora.

Em nome da verdade matamos uns aos outros. O mundo está, agora, encalhado nessa situação. Muitos pensam que o marxismo é o mais alto produto da mente humana, que nada pode ser comparado a ele. Outros pensam que consiste numa loucura, e que devemos destruir todos os marxistas. Estamos presos nessa situação.

O budismo não é assim. Um dos ensinamentos básicos de Shakyamuni[15] é este: a vida é a mais preciosa coisa. Isto vem como resposta ao nosso maior problema: guerra e paz. Esta só pode ser alcançada quando não estamos apegados a um ponto de vista, quando estamos livres do fanatismo. Quanto mais você decide praticar este preceito, mais profundamente estará penetrando na realidade e compreendendo os ensinamentos de Buda.

SEGUNDO – *Não pense que o conhecimento que você tem no presente é imutável, verdade absoluta. Evite estreitar sua mente limitando-a apenas à sua visão presente. Aprenda e ponha em prática o desapego de opiniões a fim de que, assim, possa*

---

15. Shakyamuni: na língua páli shakya significa clã; muni significa sábio. Assim também é chamado Gautama Sidhartha, o Buda, fundador histórico do budismo [N.T.].

"Inter-sendo"

abrir-se para receber pontos de vista de outros. A verdade é encontrada na vivência, não no conhecimento conceitual. Esteja pronto a aprender, a observar a realidade em você mesmo e no mundo, ao longo de toda a sua existência.

Este preceito é oriundo do primeiro. Lembre-se do jovem pai que se recusou a abrir a porta ao seu próprio filho, achando que o menino já havia morrido. Buda disse: – Se você se apega a alguma coisa como verdade absoluta, quando a verdade em pessoa bater à sua porta, você não a deixará entrar.

Um cientista com uma mente aberta, que é capaz de questionar o atual conhecimento da ciência, terá maior chance de descobrir uma verdade que está mais além. Também um budista, em sua meditação, em sua busca por maior entendimento, tem que questionar seu presente ponto de vista quanto à realidade. A técnica para chegar ao entendimento é superar os pontos de vista e o conhecimento. O desapego de pontos de vista é ensinamento básico de Buda em relação ao entendimento.

TERCEIRO – *Não force ninguém – nem as crianças –, por meio algum, a adotar seus pontos de vista; seja através de autoridade, ameaça, dinheiro, propaganda ou mesmo educação. Porém, através de diálogo compassivo, ajude os outros a se livrarem da estreiteza mental e do fanatismo.*

Este preceito também é oriundo do primeiro. É o espírito da livre investigação. Acho que os ocidentais podem aceitá-lo por-

Caminhos para a paz interior

que o entendem. Se vocês arrumarem uma forma de organizá-lo globalmente, será um auspicioso evento para o mundo.

QUARTO – *Não evite contato nem feche os olhos para o sofrimento. Não perca a noção da existência do sofrimento na vida do mundo. Procure estar com os que sofrem por todos os meios, seja por contato pessoal, visitas, imagens, sons. Desperte dessa forma sua própria consciência e a dos outros para a realidade do sofrimento no mundo.*

A primeira palestra com respeito ao dharma feita por Buda foi sobre as *Quatro nobres verdades*. A primeira verdade é a existência do sofrimento. Este tipo de contato e consciência é necessário. Se não nos confrontarmos com a dor, com os males... não procuraremos a causa dos mesmos para, assim, achar um remédio que nos faça sair da situação.

A América é, de certa forma, uma sociedade fechada. Os americanos não estão muito conscientes do que se passa fora da América. A vida aqui é tão movimentada que, mesmo mostrando imagens de fora pelos jornais e TV, não se estabelece um real contato. Espero que vocês encontrem alguma forma de se conscientizarem do sofrimento no mundo. É claro que dentro da América também existe sofrimento; é deveras importante entrar em contato com os mesmos. Mas muito sofrimento no Ocidente é inútil e pode esvair-se quando olharmos o real sofrimento de outros povos. Às vezes sofremos por causa de algum fator psicológico. Não conseguimos escapar de nós mesmos e, então, sofremos. Se tivermos contato com o sofrimento do mundo e formos tocados por ele, podemos seguir adiante ajudando as pessoas que estão sofrendo, e o nosso próprio sofrimento poderá desaparecer.

QUINTO – *Não acumule fortuna enquanto milhões estão passando fome. Não tenha como meta de vida a fama, o proveito, a riqueza ou o prazer sexual. Leve uma vida simples e partilhe seu tempo, energia e recursos materiais com aqueles que necessitam.*

O Sutra das *oito realizações dos grandes seres* diz: "A mente humana está sempre à caça de posses e nunca se satisfaz. Os bodhsattvas se movem em direção oposta e seguem o princípio da autossuficiência. Eles vivem de maneira simples, a fim de praticarem o *caminho*, e consideram a realização da perfeita compreensão sua única carreira". No contexto da sociedade moderna viver em simplicidade significa também permanecer o mais livre possível da destrutiva máquina social e econômica, evitando, assim, o stress, a depressão, a pressão alta e outras doenças modernas. Devíamos fazer todos os esforços para evitar as pressões e ansiedade que assolam a vida moderna. A única forma é consumir menos. Uma vez que somos capazes de viver simplesmente e felizes, seremos capazes de ajudar os outros.

SEXTO – *Não guarde ódio ou rancor. No momento em que esses sentimentos surgirem, medite na compaixão para poder* *compreender em profundidade as pessoas que os causaram. Aprenda a ver os outros com os olhos da compaixão.*

Quando a irritação e a raiva surgem, temos que estar conscientes e tentar entendê-las. Uma vez que as entendemos, nos tornamos mais capazes de perdoar e amar. Meditar na compaixão significa meditar no entendimento. Se não compreendemos, não podemos amar.

"Aprenda a olhar os outros seres com olhos de compaixão". Esta frase é diretamente extraída do capítulo sobre Avalokitesvara[16] no Sutra de Lótus. Você talvez gostaria de escrevê-la e colocá-la no local em que se senta para meditar. Seu original chinês tem apenas cinco palavras: "Olhos compassivos olhando seres vivos". Quando recitei pela primeira vez o Suttra de Lótus, fiquei em silêncio ao chegar a essas cinco palavras. Eu sabia que elas bastavam para mudar toda a minha vida.

SÉTIMO – *Não se deixe perder em dispersões ou no ambiente que o cerca. Aprenda a focar sua atenção na respiração para recobrar o controle do corpo e da mente. Aprenda a manter a mente alerta e a desenvolver entendimento e concentração.*

Este preceito está no meio. É o coração dos 14 preceitos. O mais importante deles é viver em plena consciência. Sem este preceito, sem a mente estar desperta, os outros preceitos não po-

---

16. Avalokitesvara: o Buda da compaixão [N.T.].

"Inter-sendo"

dem ser totalmente observados. É como carregar uma haste. Na Ásia usavam carregar coisas penduradas nas extremidades de uma haste colocada sobre os ombros. Este preceito é como o meio da haste que você carrega sobre os ombros.

OITAVO – *Não diga palavras que possam criar discórdia e causar ruptura na comunidade. Todos os esforços devem ser empregados no sentido de reconciliar e resolver os conflitos, por menores que sejam.*

Agora chegamos ao segundo grupo de preceitos; referem-se à fala. Os sete primeiros lidam com a mente, dois com a fala e cinco com o corpo. Este preceito se refere à reconciliação, ao esforço para estabelecer a paz, não somente na família, mas também na sociedade. Para ajudar a reconciliar um conflito, temos que estar em contato com ambos os lados. Temos que transcender o conflito; se ainda estamos em conflito, fica difícil reconciliar. Temos que ter um ponto de vista não dualístico para podermos ouvir ambos os lados e compreender. O mundo precisa de seres assim, com capacidade de compreender e ter compaixão.

NONO – *Não diga mentiras para favorecer seus interesses pessoais ou para impressionar os outros. Não diga palavras que causem divisão e rancor. Não espalhe notícias que você não sabe ao certo. Não critique nem condene coisas das quais você não tem certeza. Fale sempre a verdade, e construtivamente. Tenha*

Caminhos para a paz interior

coragem de denunciar as situações injustas, mesmo quando elas possam ameaçar sua segurança.

As palavras que dizemos podem criar amor, confiança e felicidade em torno de nós, ou podem criar um inferno. Devemos ter cuidado com o que dizemos. Se nossa tendência é falar em demasia devemos nos tornar conscientes disso e aprender a falar menos. Temos que estar conscientes do que falamos e dos resultados de nossa fala. Há uma gatha que pode ser recitada antes de atender ao telefone:

> Palavras podem percorrer milhares de milhas.
> Elas se destinam a construir compreensão e amor.
> Cada palavra deve ser uma joia,
> uma bela tapeçaria.

Devemos falar construtivamente. Podemos, em nossa fala, tentar não causar mal-entendidos, rancor ou ciúme; e sim aumentar o entendimento e a mútua aceitação. Ela pode até mesmo ajudar a reduzir nossa conta telefônica. O nono preceito requer, também, franqueza e coragem. Quantos de nós são suficientemente corajosos para denunciar a injustiça numa situação em que falando a verdade a segurança pessoal pode ser ameaçada?

DÉCIMO – *Não use a comunidade budista para ganhos ou proveitos pessoais. Nem a transforme em partido político. Contudo, uma comunidade religiosa deve tomar posição clara contra a*

"Inter-sendo"

opressão e a injustiça e esforçar-se para mudar a situação sem engajar-se em conflitos partidários.

Isso não significa que devemos nos silenciar acerca da injustiça. Significa que devemos fazê-lo com plena consciência e não tomar partido. Devemos dizer a verdade e não, apenas, pesar as consequências políticas. Se tomamos partido, perdemos nosso poder de ajudar e mediar o conflito.

Durante uma visita à América conheci um grupo de pessoas que queriam angariar fundos para ajudar o governo do Vietnã a reconstruir o país. Perguntei se eles também gostariam de fazer algo para ajudar o *povo-de-barco* e eles disseram que não. Achavam que politicamente não era bom falar sobre o *povo-de-barco* porque causaria descrédito ao governo do Vietnã. Para terem êxito numa coisa eles se abstêm de fazer outra coisa que acham certa.

DÉCIMO PRIMEIRO – *Não viva uma vocação que seja prejudicial à humanidade e à natureza. Não invista em companhias que privem outros da chance de viver. Escolha uma vocação que ajude a realizar seu ideal de compaixão.*

Este é um preceito duro de observar. Se você tem bastante sorte em ter uma vocação que o ajude a realizar seu ideal de compaixão, ainda assim você precisa entender mais profundamente. Se sou um professor, fico contente com meu trabalho de ajudar as crianças; fico contente de não ser um açougueiro que abate bois e porcos. Contudo, o filho e a filha do açougueiro vêm à minha aula

Caminhos para a paz interior

e eu os ensino. Eles tiram proveito da minha correta subsistência. Meu filho e minha filha comem da carne que o açougueiro prepara. Um elo nos liga. Não posso dizer que minha subsistência é perfeitamente correta. Pode não ser. Na observação deste preceito está implícito achar meios de realizar uma subsistência coletiva.

Você pode tentar seguir uma dieta vegetariana para diminuir o abate de animais, mas não pode evitar completamente a matança. Ao beber um copo d'água você mata muitos ínfimos seres. Mesmo em seu prato de vegetais existem muitos deles, fervidos e fritos. Eu estou consciente de que meu prato vegetariano não é totalmente vegetariano, e de que nem meu mestre, o Buda, poderia evitá-lo se estivesse aqui. O problema é se estamos ou não determinados a seguir na direção da compaixão. Se estamos, podemos com isso reduzir o sofrimento ao mínimo? Se perco minha direção, tenho que olhar para a estrela do Norte e sigo para o Norte. Isso não quer dizer que eu espere chegar até a estrela do Norte. Eu apenas sigo naquela direção.

DÉCIMO SEGUNDO – *Não mate. Não deixe que os outros matem. Por todos os meios possíveis defenda a vida e evite a guerra.*

O orçamento e os gastos em defesa nos países ocidentais são enormes. Estudos demonstram que se a corrida armamentista parasse, o dinheiro seria mais do que suficiente para acabar com a pobreza, a fome, o analfabetismo e muitas doenças no mundo.

"Inter-sendo"

Este preceito não é aplicado somente aos seres humanos, mas a todos os seres vivos. Como vimos antes, ninguém pode observar este preceito com perfeição; porém sua essência é respeitar a vida, fazer o que está a nosso alcance para protegê-la. Isto quer dizer não matar nem deixar que outros matem. É difícil. Aqueles que tentam observar este preceito devem estar trabalhando pela paz, para que eles mesmos tenham paz. Impedir a guerra é melhor do que protestar contra ela. Protestar significa que já é tarde, que ela já teve início.

DÉCIMO TERCEIRO – *Não possua nada que deveria pertencer a outros. Respeite a propriedade alheia; mas impeça que outros se enriqueçam através do sofrimento alheio.*

Conscientizando-nos do sofrimento causado pela injustiça social, o décimo terceiro preceito nos incita a trabalhar por uma sociedade mais viável. Este preceito é ligado ao décimo quarto (a conscientização do sofrimento), ao quinto (modo de viver), ao décimo primeiro (subsistência correta) e ao décimo segundo (proteção da vida). Para compreender este preceito em profundidade, precisamos meditar também sobre esses quatros preceitos a que acabamos de nos referir.

Desenvolver meios de impedir que outros enriqueçam à custa do sofrimento humano e do sofrimento de outros seres é dever dos legisladores e políticos. Porém, cada um de nós pode agir nesse sentido. Estando próximos de pessoas oprimidas podemos, de

Caminhos para a paz interior

certo modo, ajudá-las a proteger seu direito à vida e a defenderem-se contra a opressão e exploração. Não podemos deixar que pessoas se enriqueçam do sofrimento humano e de outros seres. Como comunidade devemos impedir isso. Temos que considerar o problema de como trabalhar pela justiça em nossa própria cidade. Os votos do bodhisattva – de ajudar todos os seres vivos – são extensos. Cada um de nós pode fazer um voto de sentar-se em seu barco de salvamento.

DÉCIMO QUARTO – *Não maltrate seu corpo. Aprenda a tratá-lo com respeito. Não encare seu corpo como um simples instrumento. Preserve energia vital – sexo, respiração, espírito – para a autorrealização. A expressão sexual não deve se manifestar quando não há amor ou compromisso. Nos relacionamentos sexuais esteja consciente do sofrimento futuro que poderá causar a outr*os. Preserve a felicidade dos demais; respeite os direitos e os compromissos alheios. Esteja inteiramente cônscio da responsabilidade de trazer novas vidas ao mundo. Medite no mundo para o qual você está trazendo novos seres.

Você pode ter a impressão de que este preceito desencoraja ter filhos; mas não é bem assim. Ele apenas nos recomenda a tomar consciência do que estamos fazendo. Este mundo é suficientemente seguro para pôr mais crianças nele? Se você quer pôr mais crianças no mundo, faça então alguma coisa pelo mundo.

"Inter-sendo"

Este preceito tem a ver com o celibato. Tradicionalmente os monges budistas eram celibatários por, pelo menos, três motivos.

O primeiro é que aos monges do tempo de Buda era recomendado praticar meditação a maior parte do dia. Eles tinham que estar em contato com o povo da cidade para ensinar-lhe o dharma e para pedir comida. Se tivesse que sustentar uma família, não seria possível ao monge cumprir com seus deveres.

A segunda razão é que a energia sexual tinha que ser preservada para a meditação. Consta nas tradições religiosas e médicas da Ásia que o ser humano tem três fontes de energia: sexo, respiração e espírito. Sexual é a energia que você emprega numa relação de sexo. Energia respiratória é a que você emprega quando fala muito e respira pouco. Energia espiritual é a que você gasta quando se preocupa demais e não dorme direito. Se você gasta essas três fontes de energia, seu corpo não tem suficiente força para realizar o *caminho* e penetrar profundamente a realidade. Os monges budistas observavam o celibato não por advertência moral, mas para a conservação da energia. Quem já provou um longo período de abstinência sabe o quanto é importante preservar essas três fontes de energia.

A terceira razão pela qual os monges budistas observam o celibato é a questão do sofrimento. Naquele tempo – e ainda hoje – vê-se na Índia muita criança sem comer, muita criança doente sem atendimento médico; e uma mulher pode dar à luz 10, 12 cri-

Caminhos para a paz interior

anças, sem ter a possibilidade de alimentar sequer 2 ou 3. *Vida é sofrimento*: esta é a terceira verdade do budismo. Pôr uma criança no mundo é uma grande responsabilidade. Se você é rico, talvez possa fazê-lo sem maiores problemas. Mas se você é pobre, torna-se um problema de verdade. Renascer significa antes de tudo renascer em seus filhos. Eles são uma continuação de você. Neles você renasce. E continua o ciclo de sofrimentos. Consciente de que em sua sociedade ter mais crianças era fazê-las sofrer, Buda aconselhou os monges a não terem filhos. Acho que ao longo dos últimos 2.500 anos os monges budistas, em vários países, ajudaram a frear a taxa demográfica. E isso é muito importante.

O décimo quarto preceito nos aconselha a respeitar nosso próprio corpo e a conservar nossa energia para a realização do *caminho*. Não apenas a meditação, mas qualquer tipo de esforço no sentido de mudar o mundo requer energia. Devíamos cuidar bem de nós mesmos.

Em minha opinião, a libertação sexual do Ocidente causou bons resultados, mas, também, causou problemas. Devido aos métodos modernos de controle de natalidade a libertação feminina tem sido algo bem real. Antigamente, tanto na Ásia como na Europa, as jovens tinham grandes problemas e muitas delas suicidavam-se quando ficavam grávidas. Desde que o controle de natalidade foi descoberto, esse tipo de tragédia diminuiu bastante. Mas a libertação sexual causou também muita tensão, muitos

"Inter-sendo"

aborrecimentos. Acho que parte da depressão que as pessoas sofrem atualmente deve-se a esse fato. Por favor, meditem no problema. É muito importante para a sociedade ocidental.

Se você deseja ter filhos, por favor, faça alguma coisa pelo mundo em que vai trazê-los. Isso fará de você alguém que trabalha pela paz.

7

Meditação na vida diária

Durante os retiros, de tempos em tempos, um *mestre-do-sino* convida o sino a soar, recitando em silêncio, primeiramente, o seguinte poema:

> Corpo, fala e mente em perfeita união.
> A voz de meu coração se junta ao som do sino.
> Possa quem o ouve despertar do esquecimento e
> transcender toda ansiedade e tristeza.

Então ele faz três respirações e convida outra vez o sino a soar. Ao ouvirmos o sino, paramos nosso pensamento, inspirando e expirando atentamente três vezes para recitar este verso:

> Atenção, atenção!
> Este som maravilhoso
> traz-me de volta ao meu verdadeiro ser.

Caminhos para a paz interior

Meditar é estar consciente do que está acontecendo no seu corpo, sentimentos, mente e mundo. A prática mais preciosa do budismo é a da meditação; e é importante praticá-la com alegria. Temos que sorrir bastante para sermos capazes de meditar. O *sino-da-plena-atenção* nos ajuda a fazer isso.

***

Suponhamos que temos um filho que se torna um jovem intolerável. Poderá ser difícil para nós o amarmos. Isso é natural. Para ser amada a pessoa tem que ser amável. Ficamos tristes se nosso filho se torna difícil de ser amado. Gostaríamos de amá-lo, mas a única coisa que podemos fazer é entender sua situação. Temos que fazer desse filho objeto de nossa meditação. Em lugar de nos concentrarmos no vazio ou em outro tema, podemos tomar nosso filho como objeto concreto da meditação.

Primeiramente temos que parar com os sentimentos e pensamentos que enfraquecem nossa força de meditação e cultivar a capacidade, o poder da concentração. Em sânscrito isso se chama samadhi. Para fazer seus deveres em casa a criança tem que parar de mascar chiclete e de ouvir rádio, para assim poder concentrar-se nos deveres. Se quisermos entender nosso filho, temos que suspender as coisas que nos distraem. Concentração – samadhi – é a primeira prática da meditação.

Meditação na vida diária

Quando estamos perto de uma luminária, precisamos de um abajur para impedir que a luz se disperse e assim concentre-se sobre nosso livro, de tal forma que possamos ler mais facilmente. A prática da meditação é como pôr um abajur sobre a lâmpada, para nos ajudar a concentrar a mente em uma determinada coisa. Enquanto fazemos meditação sentada ou andando – cortando o futuro e o passado e estabelecidos no momento presente – estamos desenvolvendo nosso poder de concentração. Com o poder dessa concentração podemos olhar os problemas a fundo. Essa é uma meditação de *insight*. Primeiro nos conscientizamos do problema, focalizando nele nossa atenção; em seguida o encaramos a fundo a fim de entender sua verdadeira natureza – nesse caso a natureza da infelicidade do nosso filho.

Não culpamos nosso filho. Queremos apenas entender por que ele se tornou assim. Através desse método de meditação descobrimos todas as causas – próximas ou distantes – que fizeram nosso filho ficar nesse estado. Quanto mais olhamos mais entendemos; quanto mais entendemos mais fácil é termos compaixão e amor. O entendimento é a fonte do amor. Compreensão é o próprio amor. Compreensão é um outro nome para o amor; amor é um outro nome para a compreensão. Essa forma de treinamento nos ajuda quando queremos praticar o budismo. Quando você planta uma árvore, não a acusa, depois, se ela não crescer direito. Pode ser que você precise usar fertilizante, mais água ou menos

Caminhos para a paz interior

sol. Você jamais culpa a árvore; e, no entanto, culpa seu filho. Se souber como cuidar de seu filho, ele crescerá bem, como uma árvore. Culpar não adianta nada. Não culpe jamais, nem tente persuadir, usando a razão e argumentos. Isso não leva a resultado positivo nenhum! Essa é a minha experiência. Nada de argumentar, nada de racionalizar, nada de culpar... mas apenas compreender. Se você compreende e demonstra seu entendimento, pode amar, e a situação pode ser mudada.

***

O *sino-da-plena-atenção* é a voz de Buda chamando-nos de volta a nós mesmos. Devemos respeitar esse som, parando de falar e de pensar, e com um sorriso e uma respiração retornarmos a nós mesmos. Não é um Buda de fora. É o nosso próprio Buda que nos chama. Se não somos capazes de ouvir o som do sino, não somos capazes tampouco de ouvir os sons que vêm de Buda, como o som dos ventos, dos pássaros e mesmo o som dos carros ou o choro de um bebê. Eles são a voz de Buda chamando-nos de volta a nós mesmos. Praticar de vez em quando com um sino ajuda muito; e uma vez que somos capazes de praticar com o sino podemos igualmente fazê-lo com o vento e com outros sons. Depois disso você poderá praticar também com formas. A luz do sol entrando através de sua janela também é o chamado de dharmakaya para que buddhakaya e sanghakaya se tornem reais.

Meditação na vida diária

Acalmando, sorrindo, momento presente, aqui e agora. Isso pode ser recitado enquanto você estiver fazendo meditação sentada ou andando; também podem ser usados outros métodos, como a contagem: inspirando, 1; expirando, 1; inspirando 2; expirando, e assim por diante. Conte até 10 e depois em ordem decrescente: 10, 9, 8... Contar a respiração é uma das formas de educar a si mesmo para a concentração, samadhi.

Sem suficiente concentração você não pode estar suficientemente forte para penetrar e atravessar o objeto de sua meditação. Assim, as práticas de respirar, sentar, andar e outras são dados primários para que qualquer grau de concentração seja alcançado. Chama-se a isso *parar*. Parar, a fim de concentrar-se. Assim como abajur impede que a luz da lâmpada se disperse e você leia um livro mais facilmente, o primeiro passo para a meditação é parar a dispersão, concentrando-se em um objeto. O melhor e mais valioso objeto é sua respiração. Respirar é maravilhoso. Une corpo e mente. É para parar que contamos ou seguimos a respiração.

Parar está bem próximo de ver. Tão logo você pare, as palavras da página se tornam claras; o problema do nosso filho, idem. Parar e observar, isso é meditação de *insight*.

Insight significa que você tem interiormente uma visão, uma percepção da realidade. Parar é também ver, e ver ajuda a parar. As duas coisas são uma só. Fazemos tanto, corremos tanto... A situação é difícil e muita gente diz: – Não fique aí sentado, faça alguma coisa.

Caminhos para a paz interior

Mas fazer mais coisas pode levar a situação a piorar. Você deveria dizer: – Não faça apenas alguma coisa, sente-se. Sente-se, pare, seja você mesmo primeiro, e comece daí. Esse é o sentido da meditação. Ao sentar-se no centro de meditação, ou em sua casa, ou em qualquer lugar que seja, você faz isso. Só sentar não basta. Sentar e ser. Sentar sem ser não é nada. Deve-se ser, parar e ver.

Existem muitos métodos para parar e ver, e os professores inteligentes podem inventar formas de ajudá-lo. Diz-se no budismo que o dharma tem 84.000 portas para você entrar na realidade. As portas do dharma são as formas de praticar. Acho que, ao montarmos num cavalo fora de controle, nosso maior desejo é parar. Como fazê-lo? Temos que impedir a pressa, a dispersão de nós mesmos, e assim organizarmos uma resistência. Gastar duas horas com uma xícara de chá durante uma meditação do chá é um ato de resistência, de resistência à violência. Podemos fazer isso porque temos uma sanghakaya. Juntos podemos resistir a uma forma de vida que nos faça perder de nós mesmos. Meditação andando também é resistência. Portanto, se você quer parar a corrida armamentista, tem que resistir e começar pela resistência em sua própria vida diária. Vi certa vez em Nova York um carro com esta frase: *Deixe a paz começar comigo*. Isso é correto. Deixe-me começar com a paz. Isso também é correto.

***

Meditação na vida diária

Meditar andando pode ser muito agradável. Caminhamos devagar, a sós ou com amigos, se possível em algum lugar bonito. Meditar andando é realmente desfrutar da caminhada. É caminhar não para chegar, mas apenas por caminhar. Seu propósito é *ser* no momento presente e desfrutar cada passo. Por isso você deve livrar-se de todas as preocupações e ansiedades, deixando de pensar no futuro ou no passado, atendo-se apenas ao momento presente. Ao fazê-lo, você pode tomar a mão de uma criança e com ela dar seus passos, como sendo a pessoa mais feliz da terra.

Andamos o tempo todo, mas geralmente nosso andar se parece mais com uma corrida. Quando andamos desse jeito, imprimimos ansiedade e tristeza sobre a terra. Temos que andar de uma forma que imprima paz e serenidade sobre a terra. Cada um de nós pode fazer isso, desde que queiramos. Qualquer criança pode fazê-lo. E se somos capazes de dar um passo assim, também somos capazes de dar dois, três, quatro e cinco. Ser capaz de dar passos com paz e felicidade é fazer algo pela causa da paz e da felicidade de toda a humanidade. Meditação andando é uma prática maravilhosa.

***

O Suttra Satipatthana, palestra básica de Buda relativa à meditação, está transcrito em páli, chinês e muitas outras línguas, inclusive em francês e inglês. Segundo esse texto, meditar é cons-

Caminhos para a paz interior

cientizar-se do que está se passando em seu corpo, em seus sentimentos, em sua mente e nos objetos de sua mente que são o mundo. Se você está consciente do que está acontecendo, será capaz de perceber como afloram os problemas, capacitando-se a impedir muitos deles. Quando as coisas explodem, já é tarde demais. A questão mais importante é como lidar com a nossa vida. Meditação é lidar com nosso sentimento, com nossa fala, com as coisas comuns de todos os dias. Precisamos aprender a aplicar a meditação no nosso dia a dia.

Há muitas coisas fáceis que se pode fazer. Por exemplo: todos sentam-se em torno da mesa à hora do jantar, e, antes de começar a comer, praticam-se três longas respirações. A respiração é para recobrar a si mesmo. Tenho certeza de que toda vez que respirar assim, profundamente, você se volta inteiramente para si mesmo, novamente. Então, antes de começar a comer, você pode olhar para todos com um sorriso, detendo-se em cada pessoa apenas por dois ou três segundos. Nunca temos tempo de olhar uns aos outros, nem mesmo aqueles a quem amamos; e logo será tarde demais. Fazer isso, apreciar abertamente cada um dentro de nossa casa, é maravilhoso.

Na Aldeia das Ameixeiras é uma criança que lê a gatha antes da refeição. Segurando ao alto a tigela de arroz enquanto recita a gatha, o menino sabe que é afortunado. Sendo refugiado, ele sabe que muitas crianças não têm o que comer no sudeste da Ásia. O

Meditação na vida diária

arroz comprado pelo Ocidente é o melhor que é produzido na Tailândia. Esse menino sabe que na Tailândia as crianças tailandesas não têm chance de comer esse arroz. Elas comem um arroz de qualidade inferior. O arroz melhor é exportado para o país ganhar moeda estrangeira. Quando um menino refugiado segura uma tigela de arroz, ele é levado a lembrar-se de que está tendo essa sorte. Sabe que 40.000 crianças de sua idade morrem de fome a cada dia. O menino, então, recita algo mais ou menos assim: – Na mesa, hoje, está servida a comida gostosa que a mamãe acabou de cozinhar. Aqui estão papai, meu irmão, minha irmã. É bom estarmos juntos comendo reunidos, assim. Sou grato por esse privilégio, pois sei que muitos não o têm.

Há tantas práticas que podemos fazer para nos trazer de volta à consciência na vida diária: respirar entre as chamadas telefônicas, meditação andando entre as reuniões de negócio, praticar meditação enquanto estiver ajudando crianças carentes ou vítimas de guerra. Budismo tem que ser engajado. Qual a utilidade de praticar meditação, se ela não tem nada a ver com nossa vida diária?

***

Você pode se sentir muito feliz enquanto está praticando respiração e sorriso. As condições estão à sua disponibilidade.

Você pode fazê-lo num centro de meditação, em sua casa, num parque, à beira de um rio, em qualquer lugar. Eu gostaria de

Caminhos para a paz interior

sugerir que cada lar tivesse um pequeno recinto destinado à respiração. Temos recinto para dormir, para comer, para cozinhar. Por que não ter um também para a respiração? Respirar é muito importante.

Eu sugiro que esse lugar seja decorado com muita simplicidade e que não seja muito claro. Você pode querer ter um pequeno sino com um bonito som, algumas almofadas ou cadeiras, e talvez um vaso com flores que nos faça relembrar nossa verdadeira natureza. As flores podem ser arranjadas pelas crianças, mantendo mente alerta e um sorriso nos lábios. Se são 5 os membros de sua família, você pode ter 5 almofadas ou cadeiras e algumas a mais para convidados. De tempo em tempo poderá convidar sua visita a sentar e respirar com você por 5 ou 3 minutos.

Se quiser ter uma estátua ou um quadro de Buda, por favor, seja seletivo. Muitas vezes vejo budas que não expressam nenhuma paz ou relaxamento. Os artistas que os fizeram não praticam respiração e sorriso. Um buda deve estar sorrindo – feliz e bonito – para o bem de nossas crianças. Se elas não se sentirem felizes e leves ao olharem para o buda, significa que não é uma boa estátua. Se você não encontrar um bom buda, espere e tenha uma flor em seu lugar. Uma flor é um buda. A flor tem natureza de Buda.

Eu conheço famílias cujas crianças, depois do café da manhã, entram num recinto desses, sentam e fazem 10 respirações profundas: inspirando/expirando, 1; inspirando/expirando, 2;

Meditação na vida diária

inspirando/expirando, 3; e assim por diante, até 10 vezes. Depois saem para a escola. Essa é uma bela prática. Se o seu filho não quiser fazer 10 respirações, que tal fazer 3? Começar a manhã sendo um buda é uma boa maneira de iniciar o dia. Se formos um buda de manhã e nutrirmos esse buda durante o dia, seremos capazes de voltar para casa no fim do dia com um sorriso – o Buda estará presente.

Quando você ficar agitado, não faça nem diga nada. Siga apenas sua respiração e ande devagar naquele recinto – o recinto para respiração simboliza também nosso íntimo território de Buda, de modo que podemos entrar nele toda vez que precisamos, mesmo que não estejamos em casa.

Tenho um amigo que ao ficar agitado vai – sempre – para o recinto de respiração em sua casa. Ele senta respeitosamente, faz 3 profundas respirações, convida o sino a soar e recita uma gatha. Imediatamente sente-se melhor. Se necessário, ele permanece sentado por mais tempo. Preparando o jantar, sua esposa ouve de vez em quando o sino, e seu som a faz lembrar de alertar a mente para o seu trabalho. Ela aprecia muito o marido nessas ocasiões: – Ele é tão maravilhoso, bem diferente dos outros. Ele sabe como lidar com sua raiva.

Se ela mesma estiver irritada, seu ressentimento logo se desfaz. Às vezes ela para de cortar os legumes e vai até lá para sentar com seu marido. Essa cena é muito expressiva, mais bela do que

Caminhos para a paz interior

muitos quadros valiosos. Essas coisas têm bom efeito sobre os outros; ensinar com exemplo e não apenas com palavras. Quando seu filho ficar agitado, não diga: – Vá para aquele recinto. Você pode pegar gentilmente sua mão e levá-lo até lá, sentando-se silenciosamente junto a ele. Essa é a melhor educação para a paz.

É realmente bonito começar o dia sendo um buda. E cada vez que nos sentimos à beira de deixar nosso Buda, devemos sentar e respirar até retornarmos ao nosso verdadeiro eu. Há 3 coisas que eu posso recomendar: (1) arranjar um espaço para a respiração em sua casa, isto é, um local para a meditação; (2) sentar e praticar respiração por alguns minutos todas as manhãs em sua casa com seus filhos; (3) antes de dormir, levá-los para fora e lentamente praticar meditação andando, por 10 minutos que seja. Essas coisas são muito importantes. Elas podem mudar nossa civilização.

Budismo tibetano

Abordagem prática de seus fundamentos para a vida moderna

B. Alan Wallace

O Budismo tibetano é uma das muitas tradições espirituais que se desenvolveram a partir das palavras ensinadas pelo Buda histórico, há cerca de 2.500 anos. A palavra sânscrita **Dharma**, para a qual não existe equivalente adequado nas línguas ocidentais, refere-se à compreensão e ao comportamento que levam à eliminação do sofrimento e suas fontes e à experiência de um estado duradouro de felicidade e realização.

Essa obra resulta de várias exposições feitas pelo autor a públicos ocidentais visando transmitir de forma compreensível os ensinamentos básicos do budismo tibetano, e progredindo gradualmente para teorias e práticas mais sutis e avançadas. Trata-se de uma excelente introdução, prática como um guia, para leitores sem qualquer base anterior ao budismo tibetano.

B. Alan Wallace, PhD, tem pesquisado e praticado o budismo há mais de 40 anos e tem realizado workshops e retiros de "yoga dos sonhos" há mais de 20 anos. Além de ter sido monge budista tibetano e ter formação em Física, é um respeitado estudioso da religião. É o fundador do Santa Barbara Institute for Consciousness Studies e autor de vários livros, incluindo Embracing Mind: The common Ground of Science and Spirituality; A revolução da atenção (Vozes, 2008) e Despertar no sonho (Vozes, 2014).

CULTURAL

Administração – Antropologia – Biografias
Comunicação – Dinâmicas e Jogos
Ecologia e Meio Ambiente – Educação e Pedagogia
Filosofia – História – Letras e Literatura
Obras de referência – Política – Psicologia
Saúde e Nutrição – Serviço Social e Trabalho
Sociologia

CATEQUÉTICO PASTORAL

Catequese – Pastoral
Ensino religioso

TEOLÓGICO ESPIRITUAL

Biografias – Devocionários – Espiritualidade e Mística
Espiritualidade Mariana – Franciscanismo
Autoconhecimento – Liturgia – Obras de referência
Sagrada Escritura e Livros Apócrifos – Teologia

REVISTAS

Concilium – Estudos Bíblicos
Grande Sinal – REB

VOZES NOBILIS

Uma linha editorial especial, com importantes autores, alto valor agregado e qualidade superior.

PRODUTOS SAZONAIS

Folhinha do Sagrado Coração de Jesus
Calendário de mesa do Sagrado Coração de Jesus
Agenda do Sagrado Coração de Jesus
Almanaque Santo Antônio – Agendinha
Diário Vozes – Meditações para o dia a dia
Encontro diário com Deus – Guia Litúrgico

VOZES DE BOLSO

Obras clássicas de Ciências Humanas em formato de bolso.

CADASTRE-SE
www.vozes.com.br

EDITORA VOZES LTDA.
Rua Frei Luís, 100 – Centro – Cep 25689-900 – Petrópolis, RJ
Tel.: (24) 2233-9000 – Fax: (24) 2231-4676 – E-mail: vendas@vozes.com.br

UNIDADES NO BRASIL: Belo Horizonte, MG – Brasília, DF – Campinas, SP – Cuiabá, MT
Curitiba, PR – Fortaleza, CE – Goiânia, GO – Juiz de Fora, MG
Manaus, AM – Petrópolis, RJ – Porto Alegre, RS – Recife, PE – Rio de Janeiro, RJ
Salvador, BA – São Paulo, SP